POESÍAS CASTELLANAS COMPLETAS

COLECCIÓN DIRIGIDA POR
DON ANTONIO RODRÍGUEZ-MOÑINO

Colaboradores de los primeros volúmenes

René Andioc. Eugenio Asensio. Juan B. Avalle-Arce. Francisco Ayala. M.ª Lourdes Belchior Pontes. Hannah E. Bergman. Bernardo Blanco González. José Manuel Blecua. Pablo Cabañas. José Luis Cano. Soledad Carrasco. José Caso González. Diego Catalán. Biruté Ciplijauskaité. Evaristo Correa Calderón. Máxime Chevalier. Bruno Damiani. Cyrus C. DeCoster. Albert Derozier. John C. Dowling. Manuel Durán. José Durand. Rafael Ferreres. E. Inman Fox. José Fradejas Lebrero. Yves-René Fonquerne. Nigel Glendinning. Joaquín González-Muela. Robert Jammes. Ernesto Jareño. R. O. Jones. David Kossoff. Fernando Lázaro Carreter. Juan M. Lope Blanch. Francisco López Estrada. Joaquín Marco. Robert Marrast. D. W. McPheeters. Guy Mercadier. Edwin S. Morby. Marcos A. Morínigo. Luis Murillo. Robert E. Osborne. Mario Penna. Joseph Perez. Rafael Pérez de la Dehesa. Edwin B. Place. J. H. R. Polt. Elias L. Rivers. Juan Manuel Rozas. Alberto Sánchez. Russell P. Sebold. Alan S. Trueblood. Francisco Yndurain.

GARCILASO DE LA VEGA

POESÍAS CASTELLANAS COMPLETAS

Edición,
introducción y notas
de
ELIAS L. RIVERS

clásicos castalia

Madrid

SUMARIO

INTRODUCCIÓN BIOGRÁFICA Y CRÍTICA	9
Esquema biográfico	9
Obras	16
NOTICIA BIBLIOGRÁFICA	23
BIBLIOGRAFÍA SELECTA SOBRE EL AUTOR	24
NOTA PREVIA	26
POESÍAS CASTELLANAS COMPLETAS	27
Coplas	29
Sonetos	37
Canciones	77
Elegías y Epístolas	99
Églogas	119
VOCABULARIO	209
ÍNDICE DE PRIMEROS VERSOS	211
ÍNDICE DE LÁMINAS	214

Para Galatea

INTRODUCCIÓN
BIOGRÁFICA Y CRÍTICA

A. ESQUEMA BIOGRÁFICO [1]

JUVENTUD (1501-1519).—Fue probablemente en el año 1501 cuando Garcilaso, o García Lasso, de la Vega nació en Toledo, hijo segundo de familia ilustre. Su padre, también llamado Garcilaso de la Vega, había sido *contino*, o sea miembro de la corte, de los Reyes Católicos y embajador suyo en Roma; murió en 1512. Su madre, doña Sancha de Guzmán, era señora de la villa de Batres. Garcilaso se crió en Batres y Toledo, con lecciones humanísticas y cortesanas. El 7 de septiembre de 1519, por su participación en un alboroto civil de Toledo, en el cual apoyaba al Concejo contra el Cabildo con referencia al patronazgo del hospital del Nuncio, le condenaron a tres meses de destierro de la ciudad; se hizo apelación. [2]

---

[1] Este esquema se basa en la bien razonada biografía escrita por Hayward Keniston (*Garcilaso de la Vega: A Critical Study of His Life and Works*, New York, 1922), quien corrige en varios detalles la biografía publicada por E. Fernández de Navarrete en la "Colección de Documentos Inéditos para la Historia de España" (*Vida del célebre poeta Garcilaso de la Vega*, Madrid, 1850) y utiliza publicaciones de Croce, Laurecín y Mele. En este esquema nuestro sólo anotaremos los datos que provienen de publicaciones posteriores, no incorporados a la biografía todavía fundamental de Keniston.

[2] F. de B. San Román, "Garcilaso desterrado de Toledo", *Boletín de la R. Academia de Bellas Artes y Ciencias Históricas de Toledo*, tomo I, año II, 1919, p. 193-199.

GUERRA DE LAS COMUNIDADES (1520-1522).—Mandado a las Cortes de Santiago de Compostela como procurador mayor de la ciudad de Toledo, [3] Garcilaso fue nombrado el 26 de abril de 1520 *contino* del nuevo rey don Carlos de Austria. Luchó luego por el rey contra los Comuneros, entre quienes figuraba su hermano mayor, don Pedro Laso de la Vega. Fue herido en la batalla de Olías (17 de agosto de 1521). Probablemente fue a recibir en Palencia, el 5 de agosto de 1522, al rey victorioso y nuevo Emperador, Carlos V.

JORNADAS DE RODAS Y DE LOS PIRINEOS (1522-1524).— Participó, con Juan Boscán y don Pedro de Toledo, en la expedición española para la defensa de Rodas, la cual salió de Valladolid el 30 de septiembre de 1522, se embarcó en Cartagena, y pasando por Ibiza llegó a Mesina en diciembre. Después de pasar por Civitavecchia, esta inútil expedición volvió a Valladolid. Aquí el cabildo de la orden militar de Santiago aceptó como caballero, entre otros, a Garcilaso (25 de agosto de 1523); el Emperador le concedió el hábito en Burgos (16 de septiembre); y don Pedro de Toledo, comendador de Monreal, le armó caballero el 11 de noviembre de 1523 en Pamplona. Participó luego, con el mismo don Pedro y su sobrino Fernando Álvarez de Toledo, futuro duque de Alba, en la expedición española contra Francia que se organizaba en Pamplona. Estuvo en Salvatierra (Sauveterre), alojado en casa de un cirujano, y probablemente en Fuenterrabía, tomada el 27 de febrero de 1524.

NOVICIADO Y CASAMIENTO (1524-1525).—Pasó por lo visto un año en el monasterio de Uclés, donde había de hacer su noviciado en la orden de Santiago. El Emperador le casó luego, en agosto de 1525, con la noble

[3] F. Goodwyn, "Garcilaso de la Vega, Representative in the Spanish Cortes", *Modern Language Notes*, LXXXII, 1967, p. 225-229.

y rica señora doña Elena de Zúñiga, dama de doña Leonor de Austria, hermana del Emperador. Se establecieron en casa de doña Sancha de Guzmán, en Toledo, donde Garcilaso era regidor. [4]

BODAS REALES (1526).—Garcilaso presenció el desposorio de Leonor de Austria con Francisco I de Francia, en Illescas (febrero de 1526). Es muy probable que acompañara luego a la Corte a Granada para las bodas de Carlos V con la infanta Isabel de Portugal (marzo), donde durante seis meses trataría, entre otros, al embajador de Venecia, el humanista Andrea Navagero, quien en Granada recomendó a Boscán el empleo de metros italianos en español; al nuncio Baldassare Castiglone, autor de *Il Cortegiano,* cuya traducción al español Garcilaso recomendaría más tarde a Boscán; y a una hermosa dama portuguesa que acompañaba a la infanta, doña Isabel Freire.

LA CORTE ESPAÑOLA (1526-1529).—Garcilaso pasó luego tres años, externamente tranquilos, en la Corte y con su familia en Toledo, donde en marzo de 1528 compró casa propia, teniendo pronto tres hijos con doña Elena de Zúñiga: Garcilaso de la Vega, Iñigo de Zúñiga y Pedro de Guzmán. También tuvo un hijo ilegítimo, llamado Lorenzo. En la Corte parece que cortejaba a doña Isabel Freire, quien había de reflejarse luego como figura principal en su mejor poesía amorosa. Pero Isabel Freire se casó, estando la Corte precisamente en Toledo (entre octubre de 1528 y marzo de 1529), con don Antonio de Fonseca; sobre este episodio véanse la Copla II ("Culpa debe ser quereros") y la canción de Salicio en la Égloga I.

[4] V. García Rey, "Nuevas noticias referentes al poeta Garcilaso de la Vega", *Boletín de la Sociedad Española de Excursiones,* XXXIV, 1926, p. 287-302, y XXXV, 1927, p. 71-90; también en tirada aparte (Madrid, 1927), p. 7.

PRIMER VIAJE A ITALIA (1529-1530).—Garcilaso seguía acompañando a la Corte cuando el 9 de marzo de 1529 salió ésta de Toledo para Italia, donde Carlos V quería que el Papa le impusiera la corona imperial. Después de pasar un mes en Zaragoza, la Corte estuvo tres meses en Barcelona. Aquí, el 25 de julio, dos días antes de embarcarse, Garcilaso firmó su testamento, atestiguado por Juan Boscán y don Pedro Laso de la Vega, entre otros. En este testamento Garcilaso estableció el mayorazgo de su hijo mayor, mencionando a los otros dos legítimos; dispuso ciertas misas y limosnas, su propio enterramiento, y la educación de su hijo ilegítimo; notó que el Rey le debía unos 200 ducados de gajes atrasados; e hizo una lista detallada de sus propias deudas, entre las cuales había una de honor para con cierta Elvira, campesina extremeña. La Corte llegó a Génova el 12 de agosto, y a principios de noviembre se estableció en Bolonia para varios meses. Aquí seguramente Garcilaso llegó a conocer mejor la lengua y cultura italianas. En Mantua, el 17 de abril de 1530, el Emperador le dio permiso para volver a España.

VIAJE A FRANCIA (1530-1531).—A finales de agosto de 1530 la Emperatriz le mandó desde España a la corte francesa a felicitar a doña Leonor de Austria, recién casada con Francisco I, y para hacer un poco de espionaje. Es posible que allí conociera al poeta florentino Luigi Alamanni. En abril de 1531 estaba de vuelta en Toledo.

DESTERRADO DE ESPAÑA (1531-1532).—El 14 de agosto de 1531 Garcilaso presenció en Ávila el desposorio secreto de su sobrino Garcilaso, hijo de don Pedro Laso, con Isabel de la Cueva, heredera del duque de Alburquerque. El 3 de febrero de 1532, mientras acompañaba al nuevo duque de Alba, don Fernando Álvarez de Toledo, llamado por el Emperador, en Flandes, a la defensa de Viena contra los turcos, una carta real hizo detener a Garcilaso en Tolosa (Guipúzcoa) para que se le interrogara sobre el desposorio de su sobrino, prohibido por real cédula del 4 de septiembre de 1531. Condenado al destierro de España, siguió acompañando al duque, con quien pasó por París a Flandes, luego por Colonia y el Danubio (cfr. Égloga II, vv. 1433-1504) hasta Ratisbona (Regensburg), donde llegaron a finales de marzo. A pesar de la intercesión de don Pedro de Toledo, el Emperador confinó por varios meses a Garcilaso en una isla del Danubio, seguramente cerca de Ratisbona; a esto se refiere en su Canción III. Es probable que con el duque de Alba y con Boscán participara en la campaña contra los turcos (cfr. Égloga II, vv. 1505-1691) y que el duque le acompañara luego a Italia. Lo seguro es que desde noviembre de 1532 cumplía su destierro en Nápoles como lugarteniente del recién nombrado virrey, don Pedro de Toledo.

NÁPOLES (1532-1534).—En Nápoles se desarrollaron la italianización y madurez literaria de Garcilaso. Se asociaba con los humanistas de la Accademia Pontaniana; trataba también al joven poeta Luigi Tansillo, con quien cambiaba poesías, a Bernardo Tasso, a Giulio Cesare Caracciolo, a los hermanos Galeota, a las hermanas Sanseverino, y a muchos otros italianos. Adquirió fama de poeta en latín y en español. Llegó a conocer perfectamente la lengua y las artes de la Nápoles renacentista. También trataba a humanistas españoles, como Juan de Valdés y Juan Ginés de Sepúlveda. [5] Y servía siempre a su protector el virrey. Éste en abril de 1533 le mandó con cartas para el Emperador, a quien alcanzó en Barcelona. Aquí repasó con Boscán la versión castellana que hacía este último de Il Cortegiano de

---

[5] Sobre la estancia de Garcilaso en Nápoles, véase Mele, "Las poesías latinas de Garcilaso de la Vega y su permanencia en Italia", Bulletin Hispanique, XXV, 1923, p. 108-148 y 361-370, y XXVI, 1924, p. 35-51.

Castiglione, la cual se mandó a la imprenta al final del año (cfr. Carta I). En mayo continuó, probablemente con el duque de Alba, a Toledo; volvió a Nápoles en junio. En los meses siguientes terminaría allí la larga Égloga II, dedicada al duque de Alba. En abril de 1534 Garcilaso pasó otra vez por Toledo, donde otorgó su poder a doña Elena de Zúñiga para que pudiese cobrar por él varias cantidades que se le debían. [6] El 15 de agosto del año siguiente, 1534, el virrey mandó otra vez a Garcilaso a que llevara mensajes al Emperador, quien entonces se encontraba en Palencia. Es probable que en este viaje a España Garcilaso se enterara de la muerte de Isabel Freire, ocurrida al nacer su tercer hijo en 1533 ó 1534. El 29 de septiembre recibió la contestación de Carlos V, y el 1.º de octubre salió de Barcelona para Nápoles, pasando el 12 de octubre por Aviñón, donde visitaría la recién descubierta tumba de la Laura petrarquesa (cfr. Epístola, vv. 83-85). Es probable que al volver a Nápoles escribiera la Égloga I, dedicada al virrey don Pedro, en la que hace resumen poético de sus amores con Isabel Freire. El 31 de octubre de 1534 el Emperador, a petición de don Pedro, le nombró alcaide de Reggio (Ríjoles); Garcilaso se arraigaba en Italia. [7]

JORNADA DE TÚNEZ (1535).—El 17 de mayo de 1535 Garcilaso llegó a la armada napolitana que se unía en junio a las fuerzas del Emperador en Cerdeña. El 16 de junio llegaron a Cartago y empezaron a asediar la fortaleza de la Goleta, ocupada por los turcos de Barbarroja. Aquí recibió Garcilaso heridas en la boca y en el brazo derecho (cfr. Soneto XXXIII), pero siguió con las

---

[6]   García Rey, *ibidem*, p. 9.
[7]   A. Lumsden, "Garcilaso and the Chatelainshop of Reggio", *Modern Language Review*, XLVII, 1952, p. 559-560, y A. Marichalar, "Una variante en la vida de Garcilaso", *Clavileño*, IV, 1953, n.º 21, p. 16-20. Los dos se basan en J. E. Martínez Ferrando, *Privilegios otorgados por el Emperador Carlos V en el Reino de Nápoles*, Barcelona, 1943.

fuerzas imperiales, que tomaron la Goleta el 14 de julio y entraron en Túnez el 22. Un mes más tarde, el 22 de agosto, llegaron de vuelta al puerto siciliano de Trápani, donde Garcilaso escribió a Boscán la Elegía II, con recuerdos atormentados de sus amores napolitanos. Y ocurrió entonces la muerte de don Bernardino de Toledo, hermano del duque de Alba; a éste, en tal ocasión, le dirigió Garcilaso la Elegía I. Estuvieron en Sicilia hasta finales de octubre; el 25 de noviembre entraron triunfantes en Nápoles, donde se celebró durante meses la victoria africana del Emperador. Ahora Garcilaso, favorecido de nuevo por Carlos V, recibía las felicitaciones del gran Pietro Bembo por sus versos latinos y escribía su *Ode ad Ginesium Sepulvedam*. Estaba en la cumbre de su carrera militar, cortesana y literaria.

ÚLTIMA JORNADA (1536).—En la primavera de 1536 Garcilaso renunció a la alcaldía de Reggio para poder seguir en el servicio directo del Emperador, quien le nombró maestre de campo de tres mil nuevas tropas españolas que se unían a la campaña contra los invasores franceses de Italia. De Florencia, Garcilaso salió el 4 de mayo con instrucciones imperiales para Andrea Doria y Antonio de Leiva, quienes estaban en Génova y cerca de Milán, respectivamente. Volvió al Emperador con las contestaciones, y luego, el 17 de mayo, fue a Génova a recibir sus tropas españolas, que empezaban a desembarcar el 20, cerca de Savona (cfr. Carta II). Se unieron al Emperador en Alessandria el 24 de mayo. Tardaron un mes en tomar Savigliano, donde Garcilaso escribió la carta III a su amigo fray Gerónimo Seripando el 15 de julio, pocos días antes de pasar la frontera francesa. Es por lo visto durante esta campaña, o poco antes, cuando Garcilaso escribió su última gran poesía, la Égloga III, dedicada a la virreina de Nápoles. La invasión de Francia fue desastrosa. El 19 de septiembre de 1536 Garcilaso quedó mortalmente herido por una piedra al intentar escalar la torre de Muy, cerca de Frejus; murió en Niza el 13 ó 14 de octubre. [8]

B. Obras

DURANTE su breve carrera cortesana y militar, Garcilaso no publicó ninguna poesía suya. Al morir a los 35 años de edad, llegó naturalmente a ser su albacea literario su amigo y colaborador poético Juan Boscán. Este reunió todos los manuscritos garcilasianos que pudo encontrar, y al publicar sus propias poesías, les añadió como apéndice las de Garcilaso: *Las obras de Boscán y algunas de Garcilaso de la Vega* se editó en Barcelona en 1543, casi siete años después de morir nuestro poeta. Fue un acontecimiento cultural de gran importancia la publicación de este tomo, la colección que estableció en la lengua española la poesía renacentista italianizante. La primera sección de poesías de Boscán se componía de canciones de versos cortos, en su mayor parte octosílabos, al estilo antiguo del siglo xv; pero el resto del tomo se basaba en la nueva versificación endecasilábica. Las nuevas formas estróficas eran el soneto; la canción (o *canzone*) italiana, en estancias de endecasílabos y heptasílabos mezclados; los tercetos (*terza rima*); las octavas (*ottava rima*); la rima interior (*rima al mezzo*); y los versos sueltos, sin rima alguna. Para la mayor parte de los lectores españoles estas suaves innovaciones métricas les comunicaban un desconocido mundo plástico de paisajes clásicos y mitológicos, de narraciones y razonamientos discursivos ignorados en la versificación antigua española, de rima más frecuente y aguda, de frases cortas e

---

[8] Cfr. información sobre la muerte de Garcilaso publicada por F. de B. San Román, "Documentos de Garcilaso en el archivo de protocolos de Toledo", *Boletín de la R. Academia de la Historia*, LXXIII, 1918, p. 515-536.

imágenes abstractas, conceptistas. Se reeditó muchas veces el tomo de Boscán y Garcilaso durante más de 20
años, estableciéndose definitivamente en español la nueva poesía italianizante.

Luego, hacia 1570, los libreros o escritores se dieron
cuenta de que la exquisita poesía de Garcilaso se ven-
dería mucho mejor sin el voluminoso lastre de la de
Boscán. Así es que se publicó en Salamanca, en 1569,
la primera edición, en tomito pequeño, de Garcilaso
solo. El erudito catedrático de retórica de esa universi-
dad, Francisco Sánchez de las Brozas, llamado el Brocense, hizo en 1574 una edición enmendada, con notas
humanísticas sobre fuentes clásicas e italianas, y con
seis sonetos y cinco coplas que no se encontraban en
ediciones anteriores. El mismo humanista revisó su edición en 1577, añadiéndole tres sonetos más. La edición
del Brocense se reimprimió unas cinco veces más, llegando a ser de esta manera la edición más conocida
de Garcilaso a finales del siglo xvi y principios del
xvii. Mucho más ambiciosa es la erudita edición que
hizo el poeta sevillano Fernando de Herrera en 1580;
además de enmiendas y anotaciones interesantes para
la poesía de Garcilaso, esta edición contiene todo un
curso de teoría poética. Es evidente la rivalidad entre
el catedrático castellano y el beneficiado andaluz. Poco
pudo añadir otro comentarista, Tamayo de Vargas, en
1622. [9]

La nueva poesía barroca de Góngora y Quevedo sus-
tituyó en el gusto del lector "discreto" a la poesía renacentista garcilasiana; sólo en 1765 volvió a editarse
la poesía de Garcilaso, con breves notas basadas en las

---

[9] Sobre todo esto, véase A. Alatorre, "Garcilaso, Herrera, Prete
Jacopín y Don Tomás Tamayo de Vargas", *Modern Language Notes*,
LXXVIII, 1963, p. 126-151, y E. L. Rivers, "Garcilaso divorciado
de Boscán" en *Homenaje a Rodríguez-Moñino*, II, Madrid, 1966,
p. 121-129. Los comentarios antiguos han sido reimpresos por A.
Gallego Morell, *Garcilaso de la Vega y sus comentaristas*, Granada,
1966.

de los comentaristas antiguos. Esta edición de Azara se reimprimió muchas veces durante el siglo siguiente. La versión inglesa de J. H. Wiffen, con erudita introducción (Londres, 1823), y la bien documentada biografía de E. Fernández de Navarrete (Madrid, 1850) constituyen el inicio de los estudios modernos sobre Garcilaso, que en el siglo XX han llegado a ser numerosos. De suma importancia son los libros de H. Keniston (New York, 1922), de M. Arce (Madrid, 1930) y de R. Lapesa (Madrid, 1948). La edición de T. Navarro Tomás (Madrid, 1911) se basa en la de Herrera y, reeditada varias veces como tomo de los "Clásicos Castellanos", ha dado al lector moderno una introducción y notas utilísimas a la poesía de Garcilaso. Más científicamente exactas son las ediciones críticas de Keniston (New York, 1925) y de E. L. Rivers (Madrid-Columbus, 1964), basadas las dos en la primera edición hecha por Boscán.

Para tener una adecuada visión de conjunto de la poesía de Garcilaso, conviene en primer lugar establecer las divisiones genéricas esenciales. Tenemos tres secciones principales: el cancionero petrarquista (unos 40 sonetos y cinco canciones), los ensayos epistolares (dos elegías en tercetos y una epístola en versos sueltos) y las églogas pastoriles, en métrica variada. Las coplas castellanas, apéndice insignificante, sólo nos interesan por indicarnos el punto de partida del arte garcilasiano. No se distinguen los suyos de los otros discreteos amorosos que se encuentran, por ejemplo, en el *Cancionero general* de Castillo (1511): era el común estilo establecido de las competencias ingeniosas.

En los sonetos podemos ver claramente lo que ha llamado Lapesa la "trayectoria" del aprendizaje poético garcilasiano. Por su forma métrica son ya casi todos unos perfectos ejemplos del soneto italiano. Pero el contenido poético del Soneto I, por ejemplo, se parece mucho todavía al de las canciones castellanas del siglo anterior: el fragoso camino alegórico de la vida, el sufrimiento y la muerte voluntarios, el conceptismo y los juegos verbales ("me acabo", "acabaré", "acabarme"). El Soneto X, en cambio, nos comunica una emoción más suave y delicada, nostálgica, con un enfoque concreto, no alegórico, objetivado en las "prendas" que antes le trajeron al poeta la felicidad y ahora le traen la tristeza. Esta paradoja emocional se desarrolla con un razonamiento clásico. Las fuertes rimas de los tercetos quizá nos recuerden los antiguos juegos conceptistas, pero desembocan de una manera genial en el adjetivo "tristes", que hace un contraste relevante con el machaqueo de las desinencias verbales. Un nuevo valor plástico, de formas y movimientos materiales, se encuentra hermosamente realizado en los cuartetos del Soneto XIII, imitación clásica que supera a cualquier metamorfosis ovidiana: el mito de Dafne y Apolo se descubre de nuevo revitalizado en este soneto español plenamente renacentista.

De igual modo vemos ciertos contrastes en las canciones, que empiezan ya muy petrarquescas en la I y la II. También es notable la influencia del poeta valenciano Ausias March, más próximo al espíritu del cancionero castellano. No faltan tampoco influjos directos de los clásicos antiguos en la extraña Canción IV, en la que se alegoriza la leyenda de Venus y Marte y se incorpora el suplicio de Tántalo. Sólo en la Canción III se asoma el paisaje clásico, la nota fundamental de las églogas, "con un manso rüido / de agua corriente y clara".

Lo que se designa tradicionalmente como la Canción V realmente constituye por sí sola otro género distinto, el de la oda horaciana. Aunque las estrofas de esta oda, lo mismo que las estancias de canción, se componen de endecasílabos y heptasílabos, son mucho más cortas, de sólo cinco versos; este tipo de estrofa, por el primer verso "Si de mi baja lira", vino a llamarse en español la lira, y desde Garcilaso se ha usado para la oda horaciana, sobre todo por Fray Luis de León.

stanza

No sólo son más cortas las estrofas de la *Ode ad florem Gnidi*: hay un encabalgamiento sintáctico que va de estrofa en estrofa, constituyendo una estructura lineal clarísima que contrasta evidentemente con el movimiento circular y repetitivo de las canciones propiamente dichas. En vez del lirismo interior y subjetivo, tenemos aquí una situación objetiva vista desde fuera por el poeta, quien razona ordenadamente con la dama a favor de su pretendiente.

También son horacianos los ensayos epistolares, es decir las elegías y la epístola. Garcilaso mismo, en la Elegía II, 23-24, distingue entre las sátiras (*satirae* o *sermones*) de Horacio y lo que él llama elegía. La elegía clásica era usualmente una queja amorosa, y sin duda para Garcilaso se identificaba más o menos con el "capítulo" italiano, en tercetos. Pero por ir dirigidas a personas específicas, y por su tono filosófico general, las elegías de Garcilaso se parecen mucho a la epístola horaciana. La Elegía I es elegía en el sentido moderno: se dirige al duque de Alba, consolándole por la muerte de su hermano menor, primero con compasión y luego con una especie de sermón estoico. La Elegía II se parece más al "capítulo" italiano, con su análisis de los celos amorosos, pero también es comunicación personal, epistolar, con el amigo Boscán, lo mismo que la Epístola más familiar en versos sueltos, sobre la amistad, según la *Ética* de Aristóteles. Las tres poesías se parecen al ensayo moderno en prosa, que tratan respectivamente los temas de la muerte, los celos y la amistad.

Llegamos finalmente a las églogas, poesía bucólica que representa el tono más generalmente conocido como el de Garcilaso. La primera que se escribió es seguramente la llamada Égloga II, muy larga y heterogénea, algo difícil de interpretar. Como en las otras églogas, los personajes son pastores y ninfas. Pero la Égloga II carece de marco narrativo, es de forma exclusivamente dramática, aunque uno de los pastores cuenta una larga historia épica sobre la carrera del duque de Alba. La primera mitad del poema no es épica, sino que trata de la locura de amor. La relación entre los dos temas parece indicar que la disciplina de la vida heroico-militar es el mejor antídoto para la neurosis erótica. Este largo poema es como una antología de motivos medievales y renacentistas; por su cuidadosa ordenación simétrica, puesta de relieve por Lapesa, vemos que la obra, si bien no del todo lograda, es la más ambiciosa de Garcilaso.

Las Églogas I y III son mucho más homogéneas y fáciles de comprender. La I ha sido sin duda la obra más popular de Garcilaso, por su hermosa combinación de subjetivismo lírico y de paisaje pastoril. El primer pastor, Salicio, lamenta la infidelidad de su Galatea; el segundo, Nemoroso, llora la muerte de su amada Elisa. Los dos cuadros simétricos, enmarcados entre la salida y la puesta del sol, reflejan sin duda un trasunto de la experiencia amorosa de Garcilaso, primero al casarse Isabel Freire y luego al morir ella de parto. Menos patética, más estéticamente estilizada es la Égloga III, obra final de Garcilaso. Cuatro ninfas del Tajo bordan tapices que representan sendas tragedias amorosas; tres son mitos clásicos, pero la última es de nuevo la de Elisa y Nemoroso, vista de lejos, sentimentalmente amortiguada. La canción amebea de dos pastores da un tono casi alegre al final de la obra maestra de Garcilaso, ya próxima al arte más sofisticado de Góngora.

ELIAS L. RIVERS

NOTICIA BIBLIOGRÁFICA

EDICIONES

Las obras de Boscán y algunas de Garcilasso de la Vega, repartidas en quatro libros. Barcelona, 1543.

Obras del excelente poeta Garcilasso de la Vega, con anotaciones y enmiendas del licenciado Francisco Sánchez, cathedrático de rhetórica. Salamanca, 1574; 1577; 1581; 1589; Madrid, 1600; Salamanca, 1604; Madrid, 1612; Ginebra, 1765.

Obras de Garcilasso de la Vega con anotaciones de Fernando de Herrera. Sevilla, 1580.

Garcilasso de la Vega, natural de Toledo, príncipe de los poetas castellanos, de don Thomás Tamaio de Vargas. Madrid, 1622.

Obras de Garcilaso de la Vega, ilustradas con notas [de Azara]. Madrid, 1765; 1786; 1788; 1796; Barcelona, 1804; Madrid, 1817; 1821; 1860.

Obras [ed. T. Navarro Tomás]. Madrid, 1911; 1924; 1935; 1948...

Works: A Critical Text with a Bibliography, edited by *Hayward Keniston*. New York, 1925.

Obras completas, edición de Elias L. Rivers. Madrid-Columbus, 1964; Segunda Edición, Editorial Castalia. Madrid, 1968.

Garcilaso de la Vega y sus comentaristas..., por Antonio Gallego Morell. Granada, 1966.

BIBLIOGRAFÍA SELECTA SOBRE EL AUTOR

LIBROS

Keniston, Hayward. *Garcilaso de la Vega: A Critical Study of His Life and Works.* New York, 1922.

Arce Blanco, Margot. *Garcilaso de la Vega: Contribución al estudio de la lírica española del siglo XVI.* Madrid, 1930; Río Piedras, 1961.

Lapesa, Rafael. *La trayectoria poética de Garcilaso.* Madrid, 1948; 1968.

ARTÍCULOS

Alatorre, A. "Garcilaso, Herrera, Prete Jacopín y Don Tomás Tamayo de Vargas". *Modern Language Notes.* LXXVIII, 1963, p. 126-151.

Alonso, Dámaso. "Garcilaso y los límites de la Estilística". En su *Poesía española,* Madrid, 1951, p. 47-108.

Arce Blanco, M. "La *Égloga segunda* de Garcilaso". *Asomante,* V, 1949, núm. 1, p. 57-73; núm. 2, p. 60-78.

———. "La *Égloga primera* de Garcilaso". *La Torre,* I, núm. 2, 1953, p. 31-68.

———. "Cerca el Danubio una isla..." *Studia Philologica. Homenaje ofrecido a Dámaso Alonso,* I, 1960, p. 91-100.

Bohigas, P. "Más sobre la Canción IV de Garcilaso", *Ibérida,* No. 5, junho, 1961, p. 79-90.

Cirot, G. "A propos des dernières publications sur Garcilaso de la Vega", *Bulletin Hispanique,* XXII, 1920, p. 234-255.

Dunn, P. N. "Garcilaso's Ode *A la flor de Gnido*", *Zeitschrift für romanische Philologie,* LXXXI, 1965, p. 288-309.

Gallego Morell, A. "La escuela de Garcilaso", *Arbor,* XVII, 1950, p. 27-47.

Green, O. H. en su *Spain and the Western Tradition,* I, Madison, 1963, p. 138-160.

Jones, R. O. "Garcilaso, poeta del humanismo", *Clavileño,* V, núm. 28, 1954, p. 1-7.

———. "The Idea of Love in Garcilaso's Second Eclogue", *Modern Language Review,* XLVI, 1951, p. 388-395.

Lumsden, A. "Problems connected with the Second Eclogue of Garcilaso de la Vega", *Hispanic Review,* XV, 1947, p. 251-271.

Macdonald, I. "La segunda égloga de Garcilaso", *Boletín del Instituto Español,* núm. 12, Londres, 1950, p. 6-11.

Mele, E. "Las poesías latinas de Garcilaso de la Vega y su permanencia en Italia", *Bulletin Hispanique,* XXV, 1923, p. 108-148 y 361-370; XXVI, 1924, p. 35-51.

———. "In margine alle poesie de Garcilaso", *Bulletin Hispanique,* XXXII, 1930, p. 218-245.

Parker, A. A. "Theme and Imagery in Garcilaso's First Eclogue", *Bulletin of Spanish Studies,* XXV, 1948, p. 222-227.

Rivers, E. L. "The Pastoral Paradox of Natural Art", *Modern Language Notes,* LXXVII, 1962, p. 130-144.

———. "The Horatian Epistle and its Introduction into Spanish Literature", *Hispanic Review,* XXII, 1954, p. 175-194.

Salinas, P. "The Idealization of Reality". En su *Reality and the Poet in Spanish Poetry.* Baltimore, 1940; 1966.

Spitzer, L. "Garcilaso, Third Eclogue, Lines 265-271", *Hispanic Review,* XX, 1952, p. 243-248.

NOTA PREVIA

E L texto de la presente edición se basa en nuestra edición crítica de 1964. Se ha modernizado la ortografía en todo caso que no afecte a la fonética actual, pero guardando los apóstrofos que indican elisión; y se ha enmendado con cierta libertad el texto de los Sonetos XXXIX y XL, muy estropeado en el manuscrito. Las notas sólo pretenden aclarar el sentido del texto garcilasiano, sin tocar en los innumerables ecos de fuentes clásicas e italianas.

Hay que tener en cuenta que la versificación de Garcilaso en ciertos casos se aparta de la moderna: es normal, en el interior del verso, la sinéresis en palabras como *río* (una sola sílaba) y *tenía* (dos sílabas), impresas en tales casos sin acento; y la *h* aspirada, que proviene de la *f* latina, siempre impide la sinalefa.

Se han enmendado los endecasílabos defectuosos según las normas garcilasianas.

E. L. R.

LAS OBRAS
DE BOSCAN Y ALGVNAS DE GAR
CILASSO DELA VEGA REPAR
TIDAS EN QVATRO
LIBROS.

PLVS

VLE
TRA.

PLVS

VLE
TRA.

CVM PRIVILEGIO
IMPERIALI.

CARLES AMOROS

COPLA I

VILLANCICO DEL MISMO [BOSCÁN] Y DE
GARCILASO DE LA VEGA A DON LUIS DE
LA CUEVA PORQUE BAILÓ EN PALACIO
CON UNA DAMA QUE LLAMABAN LA PÁ-
JARA

¿Qué testimonios son éstos
que le queréis levantar?
Que no fue sino bailar.

....

Garcilaso

¿Ésta tienen por gran culpa?
No lo fue, a mi parecer,   5
porque tiene por desculpa
que lo hizo la mujer.
Ésta le hizo caer
mucho más que no el saltar
que hizo con el bailar.   10

....

COPLA II

CANCIÓN, HABIÉNDOSE CASADO SU DAMA

Culpa debe ser quereros,
según lo que en mí hacéis,
mas allá lo pagaréis
do no sabrán conoceros,
por mal que me conocéis.   5

Por quereros, ser perdido
pensaba, que no culpado;
mas que todo lo haya sido,
así me lo habéis mostrado
que lo tengo bien sabido.   10
¡Quién pudiese no quereros
tanto como vos sabéis,
por holgarme que paguéis
lo que no han de conoceros
con lo que no conocéis!   15

2 *en mí*: contra mí
4-5 *conocer*: apreciar. Es decir, que el marido no la apre-
     ciará debidamente, lo mismo que ella no ha apreciado al
     poeta.

COPLA III

Yo dejaré desde aquí
de ofenderos más hablando,
porque mi morir callando
os ha de hablar por mí.

Gran ofensa os tengo hecha 5
hasta aquí en haber hablado,
pues en cosa os he enojado
que tan poco me aprovecha.
Derramaré desde aquí
mis lágrimas no hablando, 10
porque quien muere callando
tiene quien hable por sí.

COPLA IV

A UNA PARTIDA

Acaso supo, a mi ver,
y por acierto, quereros
quien tal yerro fue a hacer
como partirse de veros
donde os dejase de ver.   5

Imposible es que este tal,
pensando que os conocía,
supiese lo que hacía
cuando su bien y su mal
junto os entregó en un día.   10
Acertó acaso a hacer
lo que si por conoceros
hiciera, no podía ser:
partirse y, con solo veros,
dejaros siempre de ver.   15

No es fácil de comprender esta breve poesía. Éste me parece que es un sentido: que el único hombre que pudiera abandonar sin más a esta dama sería el que no la conociera y que en el mismo momento la viera por primera y última vez, al marcharse. Véase Copla VIII.

COPLA V

TRADUCIENDO CUATRO VERSOS DE OVIDIO

Pues este nombre perdí,
"Dido, mujer de Siqueo",
en mi muerte esto deseo
que se escriba sobre mí:

"El peor de los troyanos   5
dio la causa y el espada;
Dido, a tal punto llegada,
no puso más de las manos".

Título. Aquí se traducen los cuatro últimos versos de las *Heroides*, VII (Dido Aeneae), epístola en la que se despide amargamente de Eneas la viuda de Siqueo, seducida, abandonada y desesperada, que luego se suicidará.

COPLA VI

De la red y del hilado
hemos de tomar, señora,
que echáis de vos en un hora
todo el trabajo pasado;

y si el vuestro se ha de dar   5
a los que se pasearen,
lo que por vos trabajaren
¿dónde lo pensáis echar?

3 *un hora*: un momento

COPLA VII

DEL MISMO GARCILASO A BOSCÁN, PORQUE
ESTANDO EN ALEMAÑA DANZÓ EN UNAS BODAS

La gente s'espanta toda,
que hablar a todos distes,
que un milagro que hecistes
hubo de ser en la boda;

pienso que habéis de venir,   5
si vais por ese camino,
a tornar el agua en vino,
como el danzar en reír.

1 *s'espanta*: se sorprende
7 Se refiere al milagro que hizo Jesucristo en una boda.

COPLA VIII

VILLANCICO DE GARCILASO

Nadi puede ser dichoso,
señora, ni desdichado,
sino que os haya mirado,

porque la gloria de veros
en ese punto se quita   5
que se piensa mereceros;
así que sin conoceros,
nadi puede ser dichoso,
señora, ni desdichado,
sino que os haya mirado.   10

---

1 *nadi*: nadie

SONETO I

Cuando me paro a contemplar mi 'stado
y a ver los pasos por do me ha traído,
hallo, según por do anduve perdido,
que a mayor mal pudiera haber llegado;
    mas cuando del camino 'stó olvidado,   5
a tanto mal no sé por dó he venido;
sé que me acabo, y más he yo sentido
ver acabar comigo mi cuidado.
    Yo acabaré, que me entregué sin arte
a quien sabrá perderme y acabarme   10
si quisiere, y aún sabrá querello;
    que pues mi voluntad puede matarme,
la suya, que no es tanto de mi parte,
pudiendo, ¿qué hará sino hacello?

2 *do*: donde
5 *estó*: estoy ("cuando me he olvidado del camino")
7 *me acabo*: me muero
8 *cuidado*: preocupación amorosa
9 *sin arte*: sin engaño, sinceramente
10 *acabarme*: matarme
11 *querello*: quererlo (Es corriente en Garcilaso esta forma
    del infinitivo asimilado al pronombre de tercera persona
    enclítico).
13 "la voluntad de ella, que no me favorece tanto como la
    mía propia"

SONETO II

En fin a vuestras manos he venido,
do sé que he de morir tan apretado
que aun aliviar con quejas mi cuidado
como remedio m'es ya defendido;
    mi vida no sé en qué s'ha sostenido   5
si no es en haber sido yo guardado
para que sólo en mí fuese probado
cuánto corta una 'spada en un rendido.
    Mis lágrimas han sido derramadas
donde la sequedad y el aspereza   10
dieron mal fruto dellas, y mi suerte:
    ¡basten las que por vos tengo lloradas;
no os venguéis más de mí con mi flaqueza;
allá os vengad, señora, con mi muerte!

---

4 *defendido*: prohibido
11 Lo mismo que "la sequedad" y "el aspereza", "mi suerte"
   es sujeto del verbo "dieron".

SONETO III

La mar en medio y tierras he dejado
de cuanto bien, cuitado, yo tenía;
y yéndome alejando cada día,
gentes, costumbres, lenguas he pasado.
Ya de volver estoy desconfïado;   5
pienso remedios en mi fantasía,
y el que más cierto espero es aquel día
que acabará la vida y el cuidado.
De cualquier mal pudiera socorrerme
con veros yo, señora, o esperallo,   10
si esperallo pudiera sin perdello;
mas de no veros ya para valerme,
si no es morir, ningún remedio hallo,
y si éste lo es, tampoco podré habello.

1-2   "yo, afligido, he dejado el mar y tierras entre mí y toda
       la felicidad que tenía".
10-11 El pronombre "lo" se refiere siempre al infinitivo "veros".
12   "pero para curarme del mal de no veros ya"
14   *habello*: tenerlo

SONETO IV

Un rato se levanta mi esperanza,
mas cansada d'haberse levantado,
torna a caer, que deja a mal mi grado
libre el lugar a la desconfïanza.
    ¿Quién sufrirá tan áspera mudanza   5
del bien al mal? ¡Oh corazón cansado,
esfuerza en la miseria de tu estado,
que tras fortuna suele haber bonanza!
    Yo mesmo emprenderé a fuerza de brazos
romper un monte que otro no rompiera,   10
de mil inconvenientes muy espeso;
    muerte, prisión no pueden, ni embarazos,
quitarme de ir a veros como quiera,
desnudo espirtu o hombre en carne y hueso.

3 *a mal mi grado*: contra mi voluntad
8 *fortuna*: tormenta marítima, lo contrario de bonanza
13 *como quiera*: de cualquier modo
14 *espirtu*: espíritu (italianismo)

SONETO V

Escrito 'stá en mi alma vuestro gesto
y cuanto yo escribir de vos deseo:
vos sola lo escribistes; yo lo leo
tan solo que aun de vos me guardo en esto.
En esto estoy y estaré siempre puesto,   5
que aunque no cabe en mí cuanto en vos veo,
de tanto bien lo que no entiendo creo,
tomando ya la fe por presupuesto.
Yo no nací sino para quereros;
mi alma os ha cortado a su medida;   10
por hábito del alma misma os quiero;
cuanto tengo confieso yo deberos;
por vos nací, por vos tengo la vida,
por vos he de morir, y por vos muero.

1 *gesto*: expresión, rostro
4 *tan solo*: tan a solas
5 *puesto en*: dedicado a
11 *hábito*: en el doble sentido de ropa y de costumbre

SONETO VI

Por ásperos caminos he llegado
a parte que de miedo no me muevo,
y si a mudarme a dar un paso pruebo,
allí por los cabellos soy tornado;
    mas tal estoy que con la muerte al lado   5
busco de mi vivir consejo nuevo,
y conozco el mejor y el peor apruebo,
o por costumbre mala o por mi hado.
    Por otra parte, el breve tiempo mío
y el errado proceso de mis años,   10
en su primer principio y en su medio,
    mi inclinación, con quien ya no porfío,
la cierta muerte, fin de tantos daños,
me hacen descuidar de mi remedio.

  2 "a un sitio donde tengo tanto miedo que no me atrevo a
     moverme"
  4 *tornado*: devuelto, puesto de nuevo
9-14 Los sustantivos "tiempo", "proceso", "inclinación" y "muer-
     te" son todos sujetos del verbo "hacen".

SONETO VII

No pierda más quien ha tanto perdido;
bástate, amor, lo que ha por mí pasado;
válgame agora nunca haber probado
a defenderme de lo que has querido.

Tu templo y sus paredes he vestido   5
de mis mojadas ropas y adornado,
como acontece a quien ha ya escapado
libre de la tormenta en que se vido.

Yo habia jurado nunca más meterme,
a poder mio y a mi consentimiento,   10
en otro tal peligro como vano;

mas del que viene no podré valerme,
y en esto no voy contra el juramento,
que ni es como los otros ni en mi mano.

4 *defenderme de*: evitar
5-6 "he vestido y adornado tu templo y sus paredes con mis
ropas de náufrago como ex-voto"
8 *vido*: vio
10 *a poder mío*: si yo podía evitarlo
11 *como vano*: por ser vano

SONETO VIII

De aquella vista pura y excelente
salen espirtus vivos y encendidos,
y siendo por mis ojos recebidos,
me pasan hasta donde el mal se siente;
   encuéntrase el camino fácilmente   5
por do los mios, de tal calor movidos,
salen fuera de mí como perdidos,
llamados d'aquel bien que 'stá presente.
   Ausente, en la memoria la imagino;
mis espirtus, pensando que la vían,   10
se mueven y se encienden sin medida;
   mas no hallando fácil el camino,
que los suyos entrando derretían,
revientan por salir do no hay salida.

---

1 *vista*: ojos (de la dama)
2 *espirtus*: finísimas partículas de sangre de las que se
componían, según la ciencia de entonces, los rayos visuales
6 *los mios*: mis espirtus
8 *d'aquel*: por aquel

SONETO IX

Señora mia, si yo de vos ausente
en esta vida turo y no me muero,
paréceme que ofendo a lo que os quiero
y al bien de que gozaba en ser presente;
    tras éste luego siento otro acidente,   5
qu'es ver que si de vida desespero,
yo pierdo cuanto bien de vos espero,
y ansí ando en lo que siento diferente.
    En esta diferencia mis sentidos
están, en vuestra ausencia, y en porfía;   10
no sé ya qué hacerme en mal tamaño;
    nunca entre sí los veo sino reñidos;
de tal arte pelean noche y día
que sólo se conciertan en mi daño.

2 *turo*: duro
3 *a lo que*: a lo mucho que
5 *otro acidente*: el otro aspecto de mi dilema
8 *ando diferente*: estoy en un conflicto interior
11 *tamaño*: tan grande
12 *veo*: se pronuncia como una sola sílaba

SONETO X

¡Oh dulces prendas por mi mal halladas,
dulces y alegres cuando Dios quería,
juntas estáis en la memoria mía
y con ella en mi muerte conjuradas!
    ¿Quién me dijera, cuando las pasadas   5
horas qu'en tanto bien por vos me vía,
que me habiades de ser en algún día
con tan grave dolor representadas?
    Pues en una hora junto me llevastes
todo el bien que por términos me distes,   10
lleváme junto el mal que me dejastes;
    si no, sospecharé que me pusistes
en tantos bienes porque deseastes
verme morir entre memorias tristes.

1 *prendas*: recuerdos, regalos que le dio la dama (Quizá
   pueden identificarse con los cabellos de Elisa mencionados
   en la Égloga I, 352-357). Antes le alegraban, y ahora le
   ponen triste.
4 *en*: para
5-6 "¿Quién me hubiera dicho, cuando en tiempos pasados me
   veía en tanta felicidad por vosotras...?"
7 *habiades*: habíais
8 *representadas*: presentadas de nuevo, al ser halladas
9 *hora*: momento
   llevastes: quitasteis
10 *por términos*: poco a poco
11 *llevá*: llevad

SONETO XI

Hermosas ninfas, que en el rio metidas,
contentas habitáis en las moradas
de relucientes piedras fabricadas
y en columnas de vidrio sostenidas,
agora estéis labrando embebecidas   5
o tejiendo las telas delicadas,
agora unas con otras apartadas
contándoos los amores y las vidas:
dejad un rato la labor, alzando
vuestras rubias cabezas a mirarme,   10
y no os detendréis mucho según ando,
que o no podréis de lástima escucharme,
o convertido en agua aquí llorando,
podréis allá despacio consolarme.

11 *según ando*: por lo mal que estoy
12 *de lástima*: por piedad
13 *convertido*: convertido yo
14 *despacio*: con mucho tiempo

SONETO XII

Si para refrenar este deseo
loco, imposible, vano, temeroso,
y guarecer de un mal tan peligroso,
que es darme a entender yo lo que no creo,
    no me aprovecha verme cual me veo,   5
o muy aventurado o muy medroso,
en tanta confusión que nunca oso
fiar el mal de mí que lo poseo,
    ¿qué me ha de aprovechar ver la pintura
d'aquel que con las alas derretidas,   10
cayendo, fama y nombre al mar ha dado,
    y la del que su fuego y su locura
llora entre aquellas plantas conocidas,
apenas en el agua resfrïado?

3-4   "y guardarme de un peligro tan grande, porque viene a
     ser el tratar de convencerme yo de lo que no puedo
     creer"
  8   "creer que realmente estoy yo en el peligro en que de
     veras estoy"
9-14   Los tercetos se refieren a cuadros en los que se representan
     las caídas de dos atrevidos jóvenes mitológicos: de Icaro,
     quien con alas pegadas de cera se acercó demasiado al sol
     y se cayó al mar Icario; y de Faetón, que conduciendo
     mal el carro del Sol, se cayó al río Po entre sus herma-
     nas, convertidas en álamos.

SONETO XIII

Ovid.

A Dafne ya los brazos le crecían
y en luengos ramos vueltos se mostraban;
en verdes hojas vi que se tornaban
los cabellos qu'el oro escurecían;

d'áspera corteza se cubrían   5
los tiernos miembros que aun bullendo 'staban;
los blandos pies en tierra se hincaban
y en torcidas raíces se volvían.

Aquel que fue la causa de tal daño,
a fuerza de llorar, crecer hacía   10
este árbol, que con lágrimas regaba.

¡Oh miserable estado, oh mal tamaño,
que con llorarla crezca cada día
la causa y la razón por que lloraba!

---

2 *luengos*: largos
4 *escurecían*: oscurecían, superar brillando
9 Este verso se refiere a Apolo: fue porque él perseguía a
    la ninfa Dafne que ésta fue convertida en árbol, para
    que se salvara de ser violada. Véase Égloga III, 145-168.
12 *tamaño*: tan grande
13-14 Es decir que cuanto más se riega el árbol con las lágrimas
    de Apolo, tanto más crece el árbol, o sea, el motivo de
    esas mismas lágrimas: círculo vicioso del dolor amoroso.

SONETO XIV

Como la tierna madre —qu'el doliente
hijo le está con lágrimas pidiendo
alguna cosa de la cual comiendo
sabe que ha de doblarse el mal que siente,
    y aquel piadoso amor no le consiente   5
que considere el daño que, haciendo
lo que le piden, hace— va corriendo
y aplaca el mal y dobla el accidente:
    así a mi enfermo y loco pensamiento,
que en su daño os me pide, yo querría   10
quitalle este mortal mantenimiento;
    mas pídemele y llora cada día
tanto que cuanto quiere le consiento,
olvidando su muerte y aun la mía.

---

1 *qu'el*: cuyo; *doliente*: enfermo
4 *sabe*: sabe ella
7 *le piden*: se le pide
8 "suprime el síntoma al mismo tiempo que agrava la enfermedad"
11 *mal mantenimiento*: comida venenosa
12 *pídemele*: me lo pide

SONETO XV

Si quejas y lamentos pueden tanto
que enfrenaron el curso de los ríos
y en los diversos montes y sombríos
los árboles movieron con su canto;
   si convirtieron a escuchar su llanto   5
los fieros tigres y peñascos fríos;
si, en fin, con menos casos que los míos
bajaron a los reinos del espanto:
   ¿por qué no ablandará mi trabajosa
vida, en miseria y lágrimas pasada,   10
un corazón comigo endurecido?
   Con más piedad debria ser escuchada
la voz del que se llora por perdido
que la del que perdió y llora otra cosa.

En este soneto se refiere al mito de Orfeo, cuya triste
música movió a los ríos, peñas, árboles y fieras; Orfeo
bajó al reino de la muerte para rescatar a su amada Eurídice.
7 *casos*: motivos
12-14 Es decir, que merecen más piedad las lágrimas de quien
llora la propia muerte que no las de quien llora la muerte
ajena (la de Eurídice).

SONETO XVI

PARA LA SEPULTURA DE DON HERNANDO DE GUZMÁN

No las francesas armas odïosas,
en contra puestas del airado pecho,
ni en los guardados muros con pertrecho
los tiros y saetas ponzoñosas;
    no las escaramuzas peligrosas,   5
ni aquel fiero rüido contrahecho
d'aquel que para Júpiter fue hecho
por manos de Vulcano artificiosas,
    pudieron, aunque más yo me ofrecía
a los peligros de la dura guerra,   10
quitar una hora sola de mi hado;
    mas inficïón de aire en solo un día
me quitó al mundo y m'ha en ti sepultado,
Parténope, tan lejos de mi tierra.

Este soneto se escribió como epitafio para el hermano menor
de Garcilaso, muerto por la fiebre mientras los franceses en
1528 sitiaban la ciudad de Nápoles (tradicionalmente identificada con la sirena Parténope).
3 *pertrecho*: municiones, armas
6-8 Se refiere a la explosión de pólvora, ruido que imita el del
    trueno, causado según la mitología clásica por los rayos que
    forjaba Vulcano para Júpiter.

SONETO XVII

Pensando qu'el camino iba derecho,
vine a parar en tanta desventura
que imaginar no puedo, aun con locura,
algo de que 'sté un rato satisfecho:
    el ancho campo me parece estrecho,   5
la noche clara para mí es escura,
la dulce compañía amarga y dura,
y duro campo de batalla el lecho.
    Del sueño, si hay alguno, aquella parte
sola qu'es ser imagen de la muerte   10
se aviene con el alma fatigada.
    En fin que, como quiera, 'stó yo d'arte
que juzgo ya por hora menos fuerte,
aunque en ella me vi, la que es pasada.

4 *algo*: nada ("no puedo imaginarme nada")
6 *escura*: oscura
12-14 "Así que, sea como sea, estoy tan mal que creo ahora que
era menos penoso el tiempo pasado (aunque también en
aquel tiempo, como ahora en éste, estuve, y entonces me
parecía muy penoso)."

SONETO XVIII

Si a vuestra voluntad yo soy de cera
y por sol tengo solo vuestra vista,
la cual a quien no inflama o no conquista
con su mirar es de sentido fuera,
   ¿de dó viene una cosa que, si fuera   5
menos veces de mí probada y vista,
según parece que a razón resista,
a mi sentido mismo no creyera?
   Y es que yo soy de lejos inflamado
de vuestra ardiente vista y encendido   10
tanto que en vida me sostengo apenas;
   mas si de cerca soy acometido
de vuestros ojos, luego siento helado
cuajárseme la sangre por las venas.

---

1 *de cera*: blando
4 *es de sentido fuera*: es loco
5 *una cosa*: un fenómeno
7 *a razón resista*: contradice a la razón

SONETO XIX

Julio, después que me partí llorando
de quien jamás mi pensamiento parte
y dejé de mi alma aquella parte
que al cuerpo vida y fuerza 'staba dando,
de mi bien a mí mismo voy tomando   5
estrecha cuenta, y siento de tal arte
faltarme todo'l bien que temo en parte
que ha de faltarme el aire sospirando.
Y con este temor mi lengua prueba
a razonar con vos, oh dulce amigo,   10
del amarga memoria d'aquel día
en que yo comencé como testigo
a poder dar, del alma vuestra, nueva
y a sabella de vos del alma mía.

1 *Julio*: Julio César Caracciolo, poeta napolitano y buen amigo
de Garcilaso
6 *estrecha*: rigurosa
de tal arte: de tal modo
12-14 "cuando empecé a poder daros, como participante, noticias
de vuestra alma y a recibir de vos noticias de la mía (por
estar ésta tan enamorada y dolorida como la vuestra)"

SONETO XX

Con tal fuerza y vigor son concertados
para mi perdición los duros vientos
que cortaron mis tiernos pensamientos
luego que sobre mí fueron mostrados.
    El mal es que me quedan los cuidados   5
en salvo destos acontecimientos,
que son duros y tienen fundamientos
en todos mis sentidos bien echados.
    Aunque por otra parte no me duelo,
ya qu'el bien me dejó con su partida,   10
del grande mal que en mí está de contino;
    antes con él me abrazo y me consuelo,
porque en proceso de tan dura vida
atajaré la guerra del camino.

4 *luego que*: en cuanto
5 *el mal*: lo malo
7 *fundamientos*: raíces
11 *de contino*: continuamente
14 *guerra*: sufrimiento, dificultad

SONETO XXI

Clarísimo marqués, en quien derrama
el cielo cuanto bien conoce el mundo,
si al gran valor en qu'el sujeto fundo
y al claro resplandor de vuestra llama
    arribare mi pluma y do la llama   5
la voz de vuestro nombre alto y profundo,
seréis vos solo eterno y sin segundo,
y por vos inmortal quien tanto os ama.
    Cuanto del largo cielo se desea,
cuanto sobre la tierra se procura,   10
todo se halla en vos de parte a parte;
    y, en fin, de solo vos formó natura
una estraña y no vista al mundo idea
y hizo igual al pensamiento el arte.

---

1 · *marqués*: Este soneto se dirige al marqués de Villafranca, D. Pedro de Toledo, virrey de Nápoles.
3 *en que'l sujeto fundo*: en el cual baso el tema de este soneto
5 *arribare mi pluma*: alcanza mi poder expresivo
7 *segundo*: igual
9 *largo*: generoso
13 *al*: en el
14 "y logró una obra física que se iguala con el proyecto ideal"

SONETO XXII

Con ansia estrema de mirar qué tiene
vuestro pecho escondido allá en su centro
y ver si a lo de fuera lo de dentro
en aparencia y ser igual conviene,
    en él puse la vista, mas detiene   5
de vuestra hermosura el duro encuentro
mis ojos, y no pasan tan adentro
que miren lo qu'el alma en sí contiene.
    Y así se quedan tristes en la puerta
hecha, por mi dolor, con esa mano,   10
que aun a su mismo pecho no perdona;
    donde vi claro mi esperanza muerta
y el golpe, que en vos hizo amor en vano,
non esservi passato oltra la gona.

3-4 Aquí se juega con la ambigüedad (sentido sentimental y sentido físico) de la palabra "pecho".
9-11 Es decir, que sus ojos, desilusionados, no pueden penetrar la mano con la que la dama se tapa el pecho.
14 El último verso es el v. 34 de la Canción I de Petrarca; quiere decir "no haberos pasado más allá de la bata".

Horace.

SONETO XXIII

En tanto que de rosa y d'azucena
se muestra la color en vuestro gesto,
y que vuestro mirar ardiente, honesto,
con clara luz la tempestad serena;
  y en tanto que'l cabello, que'n la vena   5
del oro s'escogió, con vuelo presto
por el hermoso cuello blanco, enhiesto,
el viento mueve, esparce y desordena:
  coged de vuestra alegre primavera
el dulce fruto antes que'l tiempo airado   10
cubra de nieve la hermosa cumbre.
  Marchitará la rosa el tiempo helado,
todo lo mudará la edad ligera
por no hacer mudanza en su costumbre.

---

2 *gesto*: cara
5-6 *que'n la vena del oro s'escogió*: seleccionado de un venero
o filón de oro
13 *edad ligera*: tiempo fugaz
14 "por no cambiar su costumbre (que es cambiarlo todo menos
esa misma costumbre)"

SONETO XXIV

Ilustre honor del nombre de Cardona,
décima moradora de Parnaso,
a Tansillo, a Minturno, al culto Taso
sujeto noble de imortal corona:
    si en medio del camino no abandona   5
la fuerza y el espirtu a vuestro Laso,
por vos me llevará mi osado paso
a la cumbre difícil d'Elicona.
    Podré llevar entonces sin trabajo,
con dulce son qu'el curso al agua enfrena,   10
por un camino hasta agora enjuto,
    el patrio, celebrado y rico Tajo,
que del valor de su luciente arena
a vuestro nombre pague el gran tributo.

---

  1 *Cardona*: Este soneto se dirige a D.ª María de Cardona,
conocida poetisa italiana.
  3 *Tansillo, Minturno, Taso*: Luis Tansillo, Antonio Sebastián
Minturno y Bernardo Tasso eran tres poetas italianos que
con Garcilaso frecuentaban la corte del virrey de Nápoles.
  8 *Elicona*: como Parnaso, monte de las musas, de la poesía
10 *que'l curso al agua enfrena*: que, como la música de Orfeo,
hace detenerse el fluir del río
12-13 El Tajo se llama "patrio" por pasar cerca de Toledo, la
patria de Garcilaso; según la fama clásica, tenía arenas
de oro.

SONETO XXV

¡Oh hado secutivo en mis dolores,
cómo sentí tus leyes rigurosas!
Cortaste'l árbol con manos dañosas
y esparciste por tierra fruta y flores.

En poco espacio yacen los amores,   5
y toda la esperanza de mis cosas,
tornados en cenizas desdeñosas
y sordas a mis quejas y clamores.

Las lágrimas que en esta sepultura
se vierten hoy en día y se vertieron   10
recibe, aunque sin fruto allá te sean,

hasta que aquella eterna noche escura
me cierre aquestos ojos que te vieron,
dejándome con otros que te vean.

---

1 *secutivo* : ejecutivo
11 *recibe* : imperativo dirigido a la sepultada

SONETO XXVI

Echado está por tierra el fundamento
que mi vivir cansado sostenía.
¡Oh cuánto s'acabó en solo un día!
¡Oh cuántas esperanzas lleva el viento!
  ¡Oh cuán ocioso está mi pensamiento   5
cuando se ocupa en bien de cosa mía!
A mi esperanza, así como a baldía,
mil veces la castiga mi tormento.
  Las más veces me entrego, otras resisto
con tal furor, con una fuerza nueva,   10
que un monte puesto encima rompería.
  Aquéste es el deseo que me lleva
a que desee tornar a ver un día
a quien fuera mejor nunca haber visto.

7 *baldía*: vana, como el terreno estéril

SONETO XXVII

Amor, amor, un hábito vestí
el cual de vuestro paño fue cortado;
al vestir ancho fue, mas apretado
y estrecho cuando estuvo sobre mí.

Después acá de lo que consentí,   5
tal arrepentimiento m'ha tomado
que pruebo alguna vez, de congojado,
a romper esto en que yo me metí;

mas ¿quién podrá deste hábito librarse,
teniendo tan contraria su natura   10
que con él ha venido a conformarse?

Si alguna parte queda, por ventura,
de mi razón, por mí no osa mostrarse,
que en tal contradición no está segura.

9-11 La palabra "hábito", refiriéndose hasta aquí a un vestido me-
tafórico, ahora significa también costumbre arraigada, que según Aristóteles venía a ser una segunda naturaleza. Véase Soneto V, verso 11.
14 *contradición*: conflicto entre el hábito amoroso y los esfuerzos
para romperlo

SONETO XXVIII

Boscán, vengado estáis, con mengua mía,
de mi rigor pasado y mi aspereza,
con que reprehenderos la terneza
de vuestro blando corazón solía;
    agora me castigo cada día   5
de tal selvatiquez y tal torpeza,
mas es a tiempo que de mi bajeza
correrme y castigarme bien podría.
    Sabed qu'en mi perfeta edad y armado,
con mis ojos abiertos, m'he rendido   10
al niño que sabéis, ciego y desnudo.
    De tan hermoso fuego consumido
nunca fue corazón; si preguntado
soy lo que más, en lo demás soy mudo.

---

6 *selvatiquez*: falta de cultura
11 Es decir, a Cupido, dios de amor.
14 *lo que más*: expresión elíptica, quizá deliberadamente enig-
mática

SONETO XXIX

Pasando el mar Leandro el animoso,
en amoroso fuego todo ardiendo,
esforzó el viento, y fuése embraveciendo
el agua con un ímpetu furioso.

Vencido del trabajo presuroso,   5
contrastar a las ondas no pudiendo,
y más del bien que allí perdía muriendo
que de su propia vida congojoso,

como pudo, 'sforzó su voz cansada
y a las ondas habló d'esta manera,   10
mas nunca fue su voz dellas oída:

"Ondas, pues no se escusa que yo muera,
dejadme allá llegar, y a la tornada
vuestro furor esecutá en mi vida."

1 *Leandro*: Según la leyenda de Hero y Leandro, éste cruzaba
nadando el Helesponto cada noche para visitar a aquélla, hasta
que una noche se ahogó durante una tormenta.
3 *fuése*: se fue
7-8 Es decir, "más congojoso, preocupado por".
13 *tornada*: vuelta
14 *esecutá*: ejecutad

SONETO XXX

Sospechas que, en mi triste fantasía
puestas, hacéis la guerra a mi sentido,
volviendo y revolviendo el afligido
pecho con dura mano noche y día:
    ya se acabó la resistencia mía   5
y la fuerza del alma; ya rendido,
vencer de vos me dejo, arrepentido
de haberos contrastado en tal porfía.
    Llevadme a aquel lugar tan espantable
que, por no ver mi muerte allí esculpida,   10
cerrados hasta aquí tuve los ojos.
    Las armas pongo ya, que concedida
no es tan larga defensa al miserable:
colgad en vuestro carro mis despojos.

---

9 *aquel lugar*: donde la evidente infidelidad de mi dama con-
firmará mis sospechas y celos (Véase Égloga II, 106-114)
12 *pongo*: depongo
14 En los carros triunfales se colgaban los despojos de los vencidos

SONETO XXXI

Dentro en mi alma fue de mí engendrado
un dulce amor, y de mi sentimiento
tan aprobado fue su nacimiento
como de un solo hijo deseado;
    mas luego d'él nació quien ha estragado   5
del todo el amoroso pensamiento;
en áspero rigor y en gran tormento
los primeros deleites ha tornado.
    ¡Oh crudo nieto, que das vida al padre
y matas al agüelo!, ¿por qué creces   10
tan desconforme a aquél de que has nacido?
    ¡Oh celoso temor!, ¿a quién pareces?,
que aun la invidia, tu propia y fiera madre,
se espanta en ver el monstruo que ha parido.

10 *agüelo*: abuelo (el poeta mismo, padre del amor quien engen-
dró en la envidia al nieto, o sea, el celoso temor)
14 *en*: al

SONETO XXXII

Mi lengua va por do el dolor la guía;
ya yo con mi dolor sin guia camino;
entrambos hemos de ir con puro tino;
cada uno va a parar do no querría:
    yo porque voy sin otra compañía   5
sino la que me hace el desatino;
ella porque la lleve aquel que vino
a hacella decir más que querría.
    Y es para mí la ley tan desigual
que aunque inocencia siempre en mí conoce, 10
siempre yo pago el yerro ajeno y mío.
    ¿Qué culpa tengo yo del desvarío
de mi lengua, si estoy en tanto mal
que el sufrimiento ya me desconoce?

---

3 *con puro tino*: ciegamente, a tientas
7 *aquel*: quizá se refiere al "desvarío" del v. 12
9 *desigual*: injusta
14 "que ya no resisto nada"

SONETO XXXIII

A Boscán desde La Goleta

Boscán, las armas y el furor de Marte,
que con su propria fuerza el africano
suelo regando, hacen que el romano
imperio reverdezca en esta parte,
 han reducido a la memoria el arte   5
y el antiguo valor italïano,
por cuya fuerza y valerosa mano
África se aterró de parte a parte.
 Aquí donde el romano encendimiento,
donde el fuego y la llama licenciosa   10
solo el nombre dejaron a Cartago,
 vuelve y revuelve amor mi pensamiento,
hiere y enciende el alma temerosa,
y en llanto y en ceniza me deshago.

---

título La Goleta era la fortaleza expugnada por las tropas de
  Carlos V el 14 de julio de 1535, antes de su entrada triunfal
  en Túnez. Por ser Carlos V el emperador, Garcilaso le llamaba en esta expedición el César Africano (véase Égloga II, 5),
  comparándole así con Escipión el Africano, quien destruyó
  Cartago y estableció en África el Imperio Romano.
4 *reverdezca*: renazca
5 *reducido*: retraído, devuelto
  el arte: la habilidad
8 *de parte a parte*: por todas partes
10 *licenciosa*: no controlada

SONETO XXXIV

Gracias al cielo doy que ya del cuello
del todo el grave yugo he desasido,
y que del viento el mar embravecido
veré desde lo alto sin temello;
 veré colgada de un sutil cabello   5
la vida del amante embebecido
en error, en engaño adormecido,
sordo a las voces que le avisan dello.
 Alegraráme el mal de los mortales,
y yo en aquesto no tan inhumano   10
seré contra mi ser cuanto parece:
 alegraréme como hace el sano,
no de ver a los otros en los males,
sino de ver que dellos él carece.

2 *el grave yugo*: la esclavitud del amor
3 *del*: por el
11 *contra mi ser*: contra mi naturaleza humana

SONETO XXXV

A MARIO, ESTANDO, SEGÚN ALGUNOS DICEN,
HERIDO EN LA LENGUA Y EN EL BRAZO

Mario, el ingrato amor, como testigo
de mi fe pura y de mi gran firmeza,
usando en mí su vil naturaleza,
qu'es hacer más ofensa al más amigo,
teniendo miedo que si escribo y digo   5
su condición, abato su grandeza,
no bastando su esfuerzo a su crüeza,
ha esforzado la mano a mi enemigo;
y ansí, en la parte que la diestra mano
gobierna y en aquella que declara   10
los concetos del alma, fui herido.
Mas yo haré que aquesta ofensa cara
le cueste al ofensor, ya que estoy sano,
libre, desesperado y ofendido.

---

1 *Mario*: Mario Galeota, amigo napolitano (Véase Canción V)
7 *crüeza*: crueldad
8 *enemigo*: es decir, su enemigo militar, en el sitio de La Goleta
   (Véase Soneto XXXIII), donde Garcilaso fue herido en la lengua
   y en el brazo derecho

SONETO XXXVI

Siento el dolor menguarme poco a poco,
no porque ser le sienta más sencillo,
mas fallece el sentir para sentillo,
después que de sentillo estoy tan loco;
    ni en sello pienso que en locura toco,   5
antes voy tan ufano con oíllo
que no dejaré el sello y el sufrillo,
que si dejo de sello, el seso apoco.
    Todo me empece, el seso y la locura:
prívame éste de sí por ser tan mío;   10
mátame estotra por ser yo tan suyo.
    Parecerá a la gente desvarío
preciarme deste mal do me destruyo:
yo lo tengo por única ventura.

---

5 *sello*: serlo, es decir, ser loco
9 *empece*: causa perjuicio

SONETO XXXVII

A la entrada de un valle, en un desierto
do nadie atravesaba ni se vía,
vi que con estrañeza un can hacía
estremos de dolor con desconcierto:
ahora suelta el llanto al cielo abierto,   5
ora va rastreando por la vía;
camina, vuelve, para, y todavía
quedaba desmayado como muerto.
Y fue que se apartó de su presencia
su amo, y no le hallaba, y esto siente: 10
mirad hasta dó llega el mal de ausencia.
Movióme a compasión ver su accidente;
díjele, lastimado: "Ten paciencia,
que yo alcanzo razón, y estoy ausente."

---

7 *todavía*: además
11-12 *mal, accidente*: enfermedad
14 "que soy racional, y sin embargo yo también sufro por la
ausencia de un ser querido"

SONETO XXXVIII

Estoy contino en lágrimas bañado,
rompiendo siempre el aire con sospiros,
y más me duele el no osar deciros
que he llegado por vos a tal estado;
    que viéndome do estoy y en lo que he andado   5
por el camino estrecho de seguiros,
si me quiero tornar para hüiros,
desmayo, viendo atrás lo que he dejado;
    y si quiero subir a la alta cumbre,
a cada paso espántanme en la vía   10
ejemplos tristes de los que han caído;
    sobre todo, me falta ya la lumbre
de la esperanza, con que andar solía
por la oscura región de vuestro olvido.

1 *contino*: continuamente

SONETO XXXIX

¡Oh celos de amor, terrible freno
qu'en un punto me vuelve y tiene fuerte;
hermanos de crueldad, honrada muerte
que, vista, tornas el cielo sereno!
¡Oh serpiente nacida en dulce seno
de hermosas flores, mi esperanza es muerte:
tras próspero comienzo, adversa suerte,
tras süave manjar, recio veneno!
¿De cuál furia infernal acá saliste,
oh crüel monstruo, oh peste de mortales,
que tan tristes, crudos mis dias heciste?
Torna al infierno sin mentar mis males;
desdichado miedo, ¿a qué veniste?,
que bien bastaba amor con sus pesares.

5

10

Este soneto y el siguiente, atribuidos a Garcilaso en el manuscrito llamado de Gayangos, se encuentran ahí muy estropeados.
Se ha enmendado aquí libremente el texto. Las rimas "males-
pesares" y "muerto-vuelto" no son imposibles en la lengua tole-
dana de Garcilaso, quien en su testamento autógrafo escribió
"Mártil" en vez de "Mártir". Menos verosímiles son el cambio
de rimas en los cuartetos del Soneto XL (-iento, -uerto) y la
rima "vivo-digo" de los tercetos; pero en la Égloga II encontra-
mos rimas semejantes, a base de equivalencias acústicas.

SONETO XL

El mal en mí ha hecho su cimiento
y sobr'él de tal arte ha labrado
que amuestra bien estar determinado
de querer para siempre este aposiento;
 trátame ansí que a mil habría muerto, 5
mas yo para más mal estoy guardado;
estó ya tal que todos me han dejado
sino el dolor qu'en sí me tiene vuelto.
 Ya todo mi ser se ha vuelto en dolor
y ansí para siempre ha de turar, 10
pues la muerte no viene a quien no es vivo;
 en tanto mal, turar es el mayor,
y el mayor bien que tengo es el llorar:
¡cuál será el mal do el bien es el que digo!

3 *amuestra*: muestra

CANCIÓN I

1.

Si a la región desierta, inhabitable
por el hervor del sol demasïado
y sequedad d'aquella arena ardiente,
o a la que por el hielo congelado
y rigurosa nieve es intratable,   5
del todo inhabitada de la gente,
      por algún accidente
o caso de fortuna desastrada
      me fuésedes llevada,
y supiese que allá vuestra dureza   10
      estaba en su crüeza,
allá os iria a buscar como perdido,
hasta moriros a los pies tendido.

2.

Vuestra soberbia y condición esquiva
acabe ya, pues es tan acabada   15
la fuerza de en quien ha d'esecutarse;
mirá bien qu'el amor se desagrada
deso, pues quiere qu'el amante viva
y se convierta adó piense salvarse.
      El tiempo ha de pasarse,   20

9 *fuésedes*: fuéseis
17 *mirá*: mirad

y de mis males arrepentimiento,
    confusión y tormento
sé que os ha de quedar, y esto recelo,
    que aun desto me duelo:
como en mí vuestros males son d'otra arte,   25
duélenme en más sensible y tierna parte.

3.

Assí paso la vida acrecentando
materia de dolor a mis sentidos,
como si la que tengo no bastase,   •
los cuales para todo están perdidos   30
sino para mostrarme a mí cuál ando.
Pluguiese a Dios que aquesto aprovechase
    para que yo pensase
un rato en mi remedio, pues os veo
    siempre ir con un deseo   35
de perseguir al triste y al caído:
    yo estoy aquí tendido,
mostrándoos de mi muerte las señales,
y vos viviendo sólo de mis males.

4.

Si aquella amarillez y los sospiros   40
salidos sin licencia de su dueño,
si aquel hondo silencio no han podido
un sentimiento grande ni pequeño
mover en vos que baste a convertiros
a siquiera saber que soy nacido,   45
    baste ya haber sufrido
tanto tiempo, a pesar de lo que basto,
    que a mí mismo contrasto,
dándome a entender que mi flaqueza
    me tiene en la tristeza   50

25 *arte*: manera
40 *sospiros*: suspiros
47 *lo que basto*: lo [poco] que valgo

en que estoy puesto, y no lo que yo entiendo:
así que con flaqueza me defiendo.

5.

Canción, no has de tener
comigo que ver más, en malo o en bueno;
 trátame como ajeno,   55
que no te faltará de quien lo aprendas.
 Si has miedo que m'ofendas,
no quieras hacer más por mi derecho
de lo que hice yo, qu'el mal me he hecho.

CANCIÓN II

1.

La soledad siguiendo,
rendido a mi fortuna,
me voy por los caminos que se ofrecen,
por ellos esparciendo
mis quejas d'una en una   5
al viento, que las lleva do perecen.
Puesto qu'ellas merecen
ser de vos escuchadas,
he lástima que van perdidas
por donde suelen ir las remediadas;   10
a mí se han de tornar,
adonde para siempre habrán d'estar.

2.

Mas ¿qué haré, señora,
en tanta desventura?
¿A dónde iré si a vos no voy con ella?   15
¿De quién podré yo ahora
valerme en mi tristura
si en vos no halla abrigo mi querella?
Vos sola sois aquélla
con quien mi voluntad   20
recibe tal engaño

9 "me da lástima que vayan perdidas"

que, viéndoos holgar siempre con mi daño,
me quejo a vos como si en la verdad
    vuestra condición fuerte
tuviese alguna cuenta con mi muerte. 25

3.

    Los árboles presento,
    entre las duras peñas,
por testigo de cuanto os he encubierto;
    de lo que entre ellas cuento
    podrán dar buenas señas, 30
si señas pueden dar del desconcierto.
    Mas ¿quién tendrá concierto
    en contar el dolor,
    qu'es de orden enemigo?
No me den pena por lo que ahora digo, 35
que ya no me refrenará el temor:
    ¡quién pudiese hartarse
de no esperar remedio y de quejarse!

4.

    Mas esto me es vedado
    con unas obras tales 40
con que nunca fue a nadie defendido,
    que si otros han dejado
    de publicar sus males,
llorando el mal estado a que han venido,
    señora, no habrá sido 45
    sino con mejoría
    y alivio en su tormento;
mas ha venido en mí a ser lo que siento
de tal arte que ya en mi fantasía
    no cabe, y así quedo 50
sufriendo aquello que decir no puedo.

22 *holgar*: alegrar
24-25 "a vuestro áspero carácter le importara mi muerte"
41 *defendido*: prohibido

5.

Si por ventura estiendo
alguna vez mis ojos
por el proceso luengo de mis daños,
con lo que me defiendo   55
de tan grandes enojos
solamente es, allí, con mis engaños;
mas vuestros desengaños
vencen mi desvarío
y apocan mis defensas,   60
sin yo poder dar otras recompensas
sino que, siendo vuestro más que mío,
quise perderme así
por vengarme de vos, señora, en mí.

6.

Canción, yo he dicho más que me man-   65
[daron
y menos que pensé;
no me pregunten más, que lo diré.

57 *allí*: Quizá se refiera al "proceso luengo" del v. 54; no está
    claro su sentido exacto.
    con mis engaños: engañándome yo a mí mismo
61 *recompensas*: retribución, satisfacción, castigo, venganza (se-
    gún el grado de ironía)
62 "siendo yo vuestro"
64 *en mí*: con mis propios sufrimientos

CANCIÓN III

1.

Con un manso rüido
d'agua corriente y clara
cerca el Danubio una isla que pudiera
ser lugar escogido
para que descansara   5
quien, como estó yo agora, no estuviera:
do siempre primavera
parece en la verdura
sembrada de las flores;
hacen los ruiseñores   10
renovar el placer o la tristura
con sus blandas querellas,
que nunca, dia ni noche, cesan dellas.

2.

Aquí estuve yo puesto,
o por mejor decillo,   15
preso y forzado y solo en tierra ajena;

3 Se refiere a la isla cerca de Ratisbona donde estuvo confinado
   por el Emperador (Véase Égloga II, 1502 ss.).
6 "quien no estuviera como yo estoy ahora"
7 *primavera*: sin artículo, quizá por ser personificación
8 *parece*: está aparente
9 *las flores*: aquí sobra el artículo, según las reglas grama-
   ticales
11 *tristura*: tristeza
12 *ajena*: extranjera

bien pueden hacer esto
en quien puede sufrillo
y en quien él a sí mismo se condena.
Tengo sola una pena,   20
si muero desterrado
y en tanta desventura:
que piensen por ventura
que juntos tantos males me han llevado,
y sé yo bien que muero   25
por solo aquello que morir espero.

3.

El cuerpo está en poder
y en mano de quien puede
hacer a su placer lo que quisiere,
mas no podrá hacer   30
que mal librado quede
mientras de mí otra prenda no tuviere;
cuando ya el mal viniere
y la postrera suerte,
aquí me ha de hallar   35
en el mismo lugar,
que otra cosa más dura que la muerte
me halla y me ha hallado,
y esto sabe muy bien quien lo ha probado.

4.

No es necesario agora   40
hablar más sin provecho,

18   *en quien*: a quien
19   Parece que aquí el poeta se reconoce culpable al haber sido
     testigo del desposorio secreto de su sobrino.
23-26 Es decir, que no quiere que se crea que es por el castigo
       político por lo que muere, pues sólo muere por su amor.
27-29 Se refiere al poder material que tiene el Emperador.
31   *mal librado*: definitivamente infeliz
32   *otra prenda*: es decir, el alma, que no está en poder del
     Emperador
34   "y la muerte"
39   *lo*: el amor

que es mi necesidad muy apretada,
  pues ha sido en una hora
  todo aquello deshecho
en que toda mi vida fue gastada.   45
  Y al fin de tal jornada
  ¿presumen d'espantarme?
  Sepan que ya no puedo
  morir sino sin miedo,
que aun nunca qué temer quiso dejarme 50
  la desventura mía,
qu'el bien y el miedo me quitó en un día.

5.

  Danubio, rio divino,
  que por fieras naciones
vas con tus claras ondas discurriendo, 55
  pues no hay otro camino
  por donde mis razones
vayan fuera d'aquí sino corriendo
  por tus aguas y siendo
  en ellas anegadas,   60
  si en tierra tan ajena,
  en la desierta arena,
fueren d'alguno en fin halladas,
  entiérrelas siquiera
porque su error s'acabe en tu ribera. 65

45 Es decir, en el servicio del Emperador.
46 *jornada*: expedición, faena
50-51 "que mi mala fortuna siempre se ha negado a darme nada,
  ni siquiera un motivo de miedo"
52 "que al mismo tiempo que mi desventura me quitó la felicidad, me quitó el miedo"
57 *razones*: palabras
63 *d'alguno*: por alguien
64-65 "que entierre las palabras de mi canción para que por lo
  menos en la ribera del Danubio se termine su vagancia"

6.

Aunque en el agua mueras,
canción, no has de quejarte,
que yo he mirado bien lo que te toca;
menos vida tuvieras
si hubiera de igualarte   70
con otras que se m'an muerto en la boca.
Quién tiene culpa en esto,
allá lo entenderás de mí muy presto.

68 *toca*: conviene
73 *allá*: en el reino de la muerte, donde pronto me volveré a
unir contigo

CANCIÓN IV

1.

El aspereza de mis males quiero
que se muestre también en mis razones,
como ya en los efetos s'ha mostrado;
lloraré de mi mal las ocasiones,
sabrá el mundo la causa porque muero,   5
y moriré a lo menos confesado,
pues soy por los cabellos arrastrado
de un tan desatinado pensamiento
que por agudas peñas peligrosas,
    por matas espinosas,   10
corre con ligereza más que el viento,
bañando de mi sangre la carrera.
Y para más despacio atormentarme,
llévame alguna vez por entre flores,
adó de mis tormentos y dolores   15
descanso y dellos vengo a no acordarme;
mas él a más descanso no me espera:
antes, como me ve desta manera,
con un nuevo furor y desatino
torna a seguir el áspero camino.   20

8 desatinado pensamiento: amor loco
_17 él_: el pensamiento, o locura, que me lleva arrastrado

2.

No vine por mis pies a tantos daños:
fuezas de mi destino me trujeron
y a la que m'atormenta m'entregaron.
Mi razón y jüicio bien creyeron
guardarme como en los pasados años   25
d'otros graves peligros me guardaron,
mas cuando los pasados compararon
con los que venir vieron, no sabían
lo que hacer de sí ni dó meterse,
    que luego empezó a verse   30
la fuerza y el rigor con que venían.
Mas de pura vergüenza costreñida,
con tardo paso y corazón medroso
al fin ya mi razón salió al camino;
cuanto era el enemigo más vecino,   35
tanto más el recelo temeroso
le mostraba el peligro de su vida;
pensar en el dolor de ser vencida
la sangre alguna vez le callentaba,
mas el mismo temor se la enfrïaba.   40

3.

Estaba yo a mirar, y peleando
en mi defensa, mi razón estaba
cansada y en mil partes ya herida,
y sin ver yo quien dentro me incitaba
ni saber cómo, estaba deseando   45
que allí quedase mi razón vencida;
nunca en todo el proceso de mi vida
cosa se me cumplió que desease

---

21 Se refiere a la dama de quien está enamorado.
32 *costreñida*: obligada
39 *callentaba*: calentaba
41 *a mirar*: puesto a mirar, mirando

tan presto como aquésta, que a la hora
     se rindió la señora 50
y al siervo consintió que gobernase
y usase de la ley del vencimiento.
Entonces yo sentíme salteado
d'una vergüenza libre y generosa;
corríme gravemente que una cosa 55
tan sin razón hubiese así pasado;
luego siguió el dolor al corrimiento
de ver mi reino en mano de quien cuento,
que me da vida y muerte cada día,
y es la más moderada tiranía. 60

4.

  Los ojos, cuya lumbre bien pudiera
tornar clara la noche tenebrosa
y escurecer el sol a mediodía,
me convertieron luego en otra cosa,
en volviéndose a mí la vez primera 65
con la calor del rayo que salía
de su vista, qu'en mí se difundía;
y de mis ojos la abundante vena
de lágrimas, al sol que me inflamaba,
     no menos ayudaba 70
a hacer mi natura en todo ajena
de lo que era primero. Corromperse
sentí el sosiego y libertad pasada,
y el mal de que muriendo estó engendrarse,
y en tierra sus raíces ahondarse 75
tanto cuanto su cima levantada
sobre cualquier altura hace verse;
el fruto que d'aquí suele cogerse
mil es amargo, alguna vez sabroso,
mas mortífero siempre y ponzoñoso. 80

49 *a la hora*: en seguida
79 *mil*: mil veces
80 *ponzoñoso*: venenoso

5.

De mí agora huyendo, voy buscando
a quien huye de mí como enemiga,
que al un error añado el otro yerro,
y en medio del trabajo y la fatiga
estoy cantando yo, y está sonando   85
de mis atados pies el grave hierro.
Mas poco dura el canto si me encierro
acá dentro de mí, porque allí veo
un campo lleno de desconfïanza:
        muéstrame l'esperanza   90
de lejos su vestido y su meneo,
mas ver su rostro nunca me consiente;
torno a llorar mis daños, porque entiendo
que es un crudo linaje de tormento
para matar aquel que está sediento   95
mostralle el agua por que está muriendo,
de la cual el cuitado juntamente
la claridad contempla, el ruido siente,
mas cuando llega ya para bebella,
gran espacio se halla lejos della.   100

6.

De los cabellos de oro fue tejida
la red que fabricó mi sentimiento,
do mi razón, revuelta y enredada,
con gran vergüenza suya y corrimiento,
sujeta al apetito y sometida,   105
en público adulterio fue tomada,
del cielo y de la tierra contemplada.
Mas ya no es tiempo de mirar yo en esto,

94-100   Se refiere al mito de Tántalo, quien fue atormentado de
         esta manera.
101-107 Se refiere, alegóricamente, al mito de Venus y Marte, sor-
         prendidos en adulterio por el marido Vulcano, quien los
         expuso luego al público presos en una red.

pues no tengo con qué considerallo,
    y en tal punto me hallo   110
que estoy sin armas en el campo puesto,
y el paso ya cerrado y la hüida.
¿Quién no se espantara de lo que digo?,
qu'es cierto que he venido a tal estremo
que del grave dolor que huyo y temo   115
me hallo algunas veces tan amigo
que en medio d'él, si vuelvo a ver la vida
de libertad, la juzgo por perdida,
y maldigo las horas y momentos
gastadas mal en libres pensamientos.   120

7.

No reina siempre aquesta fantasía,
que en imaginación tan varïable
no se reposa un hora el pensamiento:
viene con un rigor tan intratable
a tiempos el dolor que al alma mía   125
desampara, huyendo, el sufrimiento.
Lo que dura la furia del tormento,
no hay parte en mí que no se me trastorne
y que en torno de mí no esté llorando,
    de nuevo protestando   130
que de la via espantosa atrás me torne.
Esto ya por razón no va fundado,
ni le dan parte dello a mi jüicio,
que este discurso todo es ya perdido,
mas es en tanto daño del sentido   135
este dolor, y en tanto perjüicio,
que todo lo sensible atormentado,
del bien, si alguno tuvo, ya olvidado

118 *la juzgo por perdida*: me resigno a perderla, me alegro
    de haberla perdido
126 *sufrimiento*: resistencia
127 *lo que dura*: durante

está de todo punto, y sólo siente
la furia y el rigor del mal presente.   140

8.

En medio de la fuerza del tormento
una sombra de bien se me presenta,
do el fiero ardor un poco se mitiga:
figúraseme cierto a mí que sienta
alguna parte de lo que yo siento   145
aquella tan amada mi enemiga
(es tan incomportable la fatiga
que si con algo yo no me engañase
para poder llevalla, moriría
          y así me acabaría   150
sin que de mí en el mundo se hablase),
así que del estado más perdido
saco algún bien. Mas luego en mí la suerte
trueca y rebuelve el orden: que algún hora
si el mal acaso un poco en mí mejora,   155
aquel descanso luego se convierte
en un temor que m'ha puesto en olvido
aquélla por quien sola me he perdido,
y así del bien que un rato satisface
nace el dolor que el alma me deshace.   160

9.

Canción, si quien te viere se espantare
de la instabilidad y ligereza
y revuelta del vago pensamiento,
estable, grave y firme es el tormento,
le di, qu'es causa cuya fortaleza   165
es tal que cualquier parte en que tocare
la hará revolver hasta que pare
en aquel fin de lo terrible y fuerte
que todo el mundo afirma que es la muerte.

154 *algún hora*: alguna vez
165 *le di*: dile (imperativo)

[CANCION V]

ODE AD FLOREM GNIDI

1.

Si de mi baja lira
tanto pudiese el son que en un momento
aplacase la ira
del animoso viento
y la furia del mar y el movimiento,   5

2.

y en ásperas montañas
con el süave canto enterneciese
las fieras alimañas,
los árboles moviese
y al son confusamente los trujiese: 10

título   Aunque agrupada con las canciones, esta poesía desde la
         primera edición se llama oda; su título en latín, "Oda
         a la flor de Gnido", se refiere simultáneamente al barrio
         napolitano de Nido, y a Cnido (Cnydos, Gnidus), donde
         había un templo importante dedicado a Afrodita o Venus,
         diosa del amor. En el barrio vivía D.ª Violante Sanseverino,
         a quien va dedicada la oda; el poeta hace el papel de
         abogado intercesor de su amigo Mario Galeota (Véase So-
         neto XXXV), quien cortejaba en vano a la dama.
1-10   Es decir, si yo tuviera el don musical de Orfeo.
   8   *alimañas*: animales
  10   *trujiese*: trajese

3.

no pienses que cantado
seria de mí, hermosa flor de Gnido,
el fiero Marte airado,
a muerte convertido,
de polvo y sangre y de sudor teñido,   15

4.

ni aquellos capitanes
en las sublimes ruedas colocados,
por quien los alemanes,
el fiero cuello atados,
y los franceses van domesticados;   20

5.

mas solamente aquella
fuerza de tu beldad seria cantada,
y alguna vez con ella
también seria notada
el aspereza de que estás armada,   25

6.

y cómo por ti sola
y por tu gran valor y hermosura,
convertido en vïola,

12 *Gnido*: véase nota al título
13 *Marte*: dios de la guerra, opuesto siempre a Venus (Gnido),
     diosa del amor
14 *convertido*: dirigido
16-20 Se refiere a los triunfos romanos, procesiones en las que
       los generales vencedores, montados en altos carros ("en las
       sublimes ruedas colocados"), arrastraban por el cuello a los
       bárbaros vencidos.
19 La sintaxis de este verso, llamada la del acusativo griego,
     es imitación clásica: "atados en cuanto al fiero cuello".
22 *beldad*: belleza
28 "pálido como la viola" (por estar sufriendo amorosamente)

llora su desventura
el miserable amante en tu figura.   30

7.

Hablo d'aquel cativo
de quien tener se debe más cuidado,
que 'stá muriendo vivo,
al remo condenado,
en la concha de Venus amarrado.   35

8.

Por ti, como solía,
del áspero caballo no corrige
la furia y gallardía,
ni con freno la rige,
ni con vivas espuelas ya l'aflige;   40

9.

por ti con diestra mano
no revuelve la espada presurosa,
y en el dudoso llano
huye la polvorosa
palestra como sierpe ponzoñosa;   45

10.

por ti su blanda musa,
en lugar de la cítera sonante,
tristes querellas usa

30   *en tu figura*: en figura de viola, que representa tu nombre
        (Violante)
34-35 "condenado a remar como galeote en la galera de Venus,
        o sea, la concha de la venera (vieira)". La referencia im-
        plícita al galeote sugiere el apellido de Mario Galeota.
37   *corrige*: refrena
40   *aflige*: castiga
43   *dudoso*: porque no se sabe quién va a vencer
45   *palestra*: lugar de lucha, o la lucha misma (por metonimia)
47   *cítera*: cítara, lira

que con llanto abundante
hacen bañar el rostro del amante;   50

11.

por ti el mayor amigo
l'es importuno, grave y enojoso:
yo puedo ser testigo,
que ya del peligroso
naufragio fui su puerto y su reposo,   55

12.

y agora en tal manera
vence el dolor a la razón perdida
que ponzoñosa fiera
nunca fue aborrecida
tanto como yo dél, ni tan temida.   60

13.

No fuiste tú engendrada
ni producida de la dura tierra;
no debe ser notada
que ingratamente yerra
quien todo el otro error de sí destierra.   65

14.

Hágate temerosa
el caso de Anajárete, y cobarde,
que de ser desdeñosa
se arrepentió muy tarde,
y así su alma con su mármol arde.   70

---

54   *ya*: antes (italianismo)
63-65 "no debe ser conocida por haber cometido el pecado de la
     ingratitud una persona que se guarda de todos los demás
     errores"
67   *Anajárete*: su historia se cuenta en las estrofas siguientes
70   *arde*: sufre

Firma autógrafa de Garcilaso en su testamento.
Barcelona, 1529

Cuando me páro a contemplar mi estado;
  i a ver los passos por do m' à traido;
  hallo, segun por do anduve perdido;
  qu'a mayor mal pudiera aver llegado.
Mas cuando del camino estò olvidado,
  a tanto mal no sè por do è venido.
  sè, que m'acábo; i mas è yo sentido
  vèr acabar comigo mi cuidado.
Yo acabarè, que m' entreguè sin arte
  a quien sabra perderme i acabarme,
  si ella quisiere; i aun sabra querello.
Que pues mi voluntad puede matarme,
  la suya, que no es tanto de mi parte,
  pudiendo, que hara, si no hazello?

PIENSO, que por ventura no sera mal recebido este mi trabajo
delos ombres, que dessean vèr enriquecida nuestra lengua con la noticia delas cosas peregrinas a ella; no porque este necessitada i pobre, de
erudicion i dotrina; pues la vemos llena i abundante de todos los ornamen
tos i joyas, que la pueden bazer ilustre i estimada; si no porque atendien
do a cosas mayores los que le pudieron dar gloria i reputacion, o no us-
andose dela policia i elegancia destos estudios, la desampararon de todo punto en esta parte. i aunque sè, que es dificil mi intento; i que està des
nuda nuestra habla del conocimiento desta diciplina; no por esso temo ro-
per por todas estas dificultades, osando abrir el camino a los que suce-
dieren
  E

Página de *Obras de Garcilasso de la Vega con
anotaciones de Fernando de Herrera*. Sevilla, 1580.

15.

Estábase alegrando
del mal ajeno el pecho empedernido
cuando, abajo mirando,
el cuerpo muerto vido
del miserable amante allí tendido,　　　　75

16.

y al cuello el lazo atado
con que desenlazó de la cadena
el corazón cuitado,
y con su breve pena
compró la eterna punición ajena.　　　　80

17.

Sentió allí convertirse
en piedad amorosa el aspereza.
¡Oh tarde arrepentirse!
¡Oh última terneza!
¿Cómo te sucedió mayor dureza?　　　　85

18.

Los ojos s'enclavaron
en el tendido cuerpo que allí vieron;
los huesos se tornaron
más duros y crecieron
y en sí toda la carne convirtieron;　　　　90

72　*del mal ajeno*: del sufrimiento del hombre a quien estaba
　　atormentando
74　*vido*: vio
76-80　"y atada al cuello la soga con la que él desató del lazo
　　amoroso el afligido corazón, y así sufriendo brevemente,
　　logró el eterno castigo de la dama"

19.

las entrañas heladas
tornaron poco a poco en piedra dura;
por las venas cuitadas
la sangre su figura
iba desconociendo y su natura,   95

20.

hasta que finalmente,
en duro mármol vuelta y transformada,
hizo de sí la gente
no tan maravillada
cuanto de aquella ingratitud vengada.   100

21.

No quieras tú, señora,
de Némesis airada las saetas
probar, por Dios, agora;
baste que tus perfetas
obras y hermosura a los poetas   105

22.

den inmortal materia,
sin que también en verso lamentable
celebren la miseria
d'algún caso notable
que por ti pase, triste, miserable.   110

94-95   "La sangre perdía poco a poco su forma y naturaleza"
99-100   "no tan sorprendida como vengada de su ingratitud"
   102   *Némesis*: diosa de la justicia vengadora
   107   *lamentable*: lloroso
   109   *caso*: suceso, accidente
   110   *por ti*: por culpa tuya

ELEGÍA I

AL DUQUE D'ALBA EN LA MUERTE DE
DON BERNALDINO DE TOLEDO

Aunque este grave caso haya tocado   A
con tanto sentimiento el alma mía   B
que de consuelo estoy necesitado,   A
    con que de su dolor mi fantasía   B
se descargase un poco y s'acabase   C   5
de mi continuo llanto la porfía,   B
    quise, pero, probar si me bastase C
el ingenio a escribirte algún consuelo, A
estando cual estoy, que aprovechase   C
    para que tu reciente desconsuelo   A   10
la furia mitigase, si las musas   D
pueden un corazón alzar del suelo   A
    y poner fin a las querellas que usas, D
con que de Pindo ya las moradoras   D
se muestran lastimadas y confusas;   D   15
    que según he sabido, ni a las horas D
que'l sol se muestra ni en el mar s'asconde, E

título D. Bernaldino (o Bernardino de Toledo, hermano menor del
        duque de Alba, D. Fernando, murió en Sicilia después de
        la jornada de Túnez de 1535. Al escribir esta elegía y la
        siguiente, Garcilaso también se encontraba en Sicilia, de
        regreso de la misma jornada, entre finales de agosto y
        finales de octubre, esperando volver a Nápoles.
   7   *pero*: sin embargo (italianismo)
  14   *las moradoras de Pindo*: las Musas

de tu lloroso estado no mejoras,
antes, en él permaneciendo dondequiera que estás, tus ojos siempre bañas,   20
y el llanto a tu dolor así responde
que temo ver deshechas tus entrañas
en lágrimas, como al lluvioso viento
se derrite la nieve en las montañas.

Si acaso el trabajado pensamiento   25
en el común reposo s'adormece,
por tornar al dolor con nuevo aliento,
en aquel breve sueño t'aparece
la imagen amarilla del hermano
que de la dulce vida desfallece,   30
y tú tendiendo la piadosa mano,
probando a levantar el cuerpo amado,
levantas solamente el aire vano,
y del dolor el sueño desterrado,
con ansia vas buscando el que partido   35
era ya con el sueño y alongado.

Así desfalleciendo en tu sentido,
como fuera de ti, por la ribera
de Trápana con llanto y con gemido
el caro hermano buscas, que solo era   40
la mitad de tu alma, el cual muriendo,
quedará ya sin una parte entera;
y no de otra manera repitiendo
vas el amado nombre, en desusada
figura a todas partes revolviendo,   45
que cerca del Erídano aquejada
lloró y llamó Lampecia el nombre en vano,

---

19   *antes*: al contrario
21-22 *así... que*: de tal modo... que
34   "y roto el sueño por el dolor"
35-36 *el que partido era... y alongado*: el que se había marchado
      y alejado
39   *Trápana* (o Trápani): ciudad de Sicilia donde estaban las
      tropas españolas
44   *desusada*: inusitada
47   *Lampecia*: una de las tres hermanas de Faetón que, con-
      vertidas en álamos, lloraron su muerte junto al río Erí-
      dano (Po)

con la fraterna muerte lastimada:
    "¡Ondas, tornáme ya mi dulce hermano
Faetón; si no, aquí veréis mi muerte,   50
regando con mis ojos este llano!"
    ¡Oh cuántas veces, con el dolor fuerte
avivadas las fuerzas, renovaba
las quejas de su cruda y dura suerte;
    y cuántas otras, cuando s'acababa   55
aquel furor, en la ribera umbrosa,
muerta, cansada, el cuerpo reclinaba!
    Bien te confieso que s'alguna cosa
entre la humana puede y mortal gente
entristecer un alma generosa,   60
    con gran razón podrá ser la presente,
pues te ha privado d'un tan dulce amigo,
no solamente hermano, un acidente;
    el cual no sólo siempre fue testigo
de tus consejos y íntimos secretos,   65
mas de cuanto lo fuiste tú contigo:
    en él se reclinaban tus discretos
y honestos pareceres y hacían
conformes al asiento sus efetos;
    en él ya se mostraban y leían   70
tus gracias y virtudes una a una
y con hermosa luz resplandecían,
    como en luciente de cristal coluna
que no encubre, de cuanto s'avecina
a su viva pureza, cosa alguna.   75
    ¡Oh miserables hados, oh mezquina
suerte, la del estado humano, y dura,
do por tantos trabajos se camina,
    y agora muy mayor la desventura
d'aquesta nuestra edad cuyo progreso   80
muda d'un mal en otro su figura!
    ¿A quién ya de nosotros el eceso

---

69 Es decir, que las ideas del duque, aceptadas por su her-
    mano, daban en éste resultados conformes a su propio buen
    carácter.

de guerras, de peligros y destierro
no toca y no ha cansado el gran proceso?
　　¿Quién no vio desparcir su sangre ,al hierro   85
del enemigo? ¿Quién no vio su vida
perder mil veces y escapar por yerro?
　　¡De cuántos queda y quedará perdida
la casa, la mujer y la memoria,
y d'otros la hacienda despendida!   90
　　¿Qué se saca d'aquesto? ¿Alguna gloria?
¿Algunos premios o agradecimiento?
Sabrálo quien leyere nuestra historia:
　　veráse allí que como polvo al viento,
así se deshará nuestra fatiga   95
ante quien s'endereza nuestro intento.
　　No contenta con esto, la enemiga
del humano linaje, que envidiosa
coge sin tiempo el grano de la espiga,
　　nos ha querido ser tan rigurosa   100
que ni a tu juventud, don Bernaldino,
ni ha sido a nuestra pérdida piadosa.
　　¿Quién pudiera de tal ser adevino?
¿A quién no le engañara la esperanza,
viéndote caminar por tal camino?   105
　　¿Quién no se prometiera en abastanza
seguridad entera de tus años,
sin temer de natura tal mudanza?
　　Nunca los tuyos, mas los propios daños
dolernos deben, que la muerte amarga   110
nos muestra claros ya mil desengaños:
　　hános mostrado ya que en vida larga,
apenas de tormentos y d'enojos
llevar podemos la pesada carga;
　　hános mostrado en ti que claros ojos   115
y juventud y gracia y hermosura
son también, cuando quiere, sus despojos.

---

　85 *desparcir*: esparcir
97-98 *la enemiga del humano linaje*: la muerte
106 *en abastanza*: abundantemente

Mas no puede hacer que tu figura,
después de ser de vida ya privada,
no muestre el arteficio de natura: 120
    bien es verdad que no está acompañada
de la color de rosa que solía
con la blanca azucena ser mezclada,
    porque'l calor templado que encendía
la blanca nieve de tu rostro puro,   125
robado ya la muerte te lo había;
    en todo lo demás, como en seguro
y reposado sueño descansabas,
indicio dando del vivir futuro.

Mas ¿qué hará la madre que tú amabas,   130
de quien perdidamente eras amado,
a quien la vida con la tuya dabas?

Aquí se me figura que ha llegado
de su lamento el son, que con su fuerza
rompe el aire vecino y apartado,   135
    tras el cual a venir también se 'sfuerza
el de las cuatro hermanas, que teniendo
va con el de la madre a viva fuerza;
    a todas las contemplo desparciendo
de su cabello luengo el fino oro,   140
al cual ultraje y daño están haciendo.

El viejo Tormes, con el blanco coro
de sus hermosas ninfas, seca el río
y humedece la tierra con su lloro,
    no recostado en urna al dulce frío   145
de su caverna umbrosa, mas tendido
por el arena en el ardiente estío;
    con ronco son de llanto y de gemido,

---

120   *el arteficio de natura*: la habilidad artística de la natu-
      raleza
137-138 "que hace fuerte competencia al de la madre"
142   Interviene el río Tormes por ser Alba de Tormes la sede
      de la familia.
145   Los ríos se figuraban mitológicamente como hombres bár-
      baros que se reclinaban sobre urnas de las que manaba el
      agua.

los cabellos y barbas mal paradas
se despedaza y el sotil vestido;   150
  en torno dél sus ninfas desmayadas
llorando en tierra están, sin ornamento,
con las cabezas d'oro despeinadas.

  Cese ya del dolor el sentimiento,
hermosas moradoras del undoso   155
Tormes; tened más provechoso intento:
  consolad a la madre, que el piadoso
dolor la tiene puesta en tal estado
que es menester socorro presuroso.

  Presto será que'l cuerpo, sepultado   160
en un perpetuo mármol, de las ondas
podrá de vuestro Tormes ser bañado;
  y tú, hermoso coro, allá en las hondas
aguas metido, podrá ser que al llanto
de mi dolor te muevas y respondas.   165

  Vos, altos promontorios, entretanto,
con toda la Trinacria entristecida,
buscad alivio en desconsuelo tanto.

  Sátiros, faunos, ninfas, cuya vida
sin enojo se pasa, moradores   170
de la parte repuesta y escondida,
  con luenga esperiencia sabidores,
buscad para consuelo de Fernando
hierbas de propriedad oculta y flores:
  así en el ascondido bosque, cuando   175
ardiendo en vivo y agradable fuego
las fugitivas ninfas vais buscando,
  ellas se inclinen al piadoso ruego
y en recíproco lazo estén ligadas,
sin esquivar el amoroso juego.   180

  Tú, gran Fernando, que entre tus pasadas

149   *mal paradas*: en mal estado
167   *Trinacria*: Sicilia
169-180   Deprecación dirigida a los sátiros, faunos y ninfas: que
si consuelan al duque D. Fernando, pide el poeta para
ellos (los sátiros y faunos) conquistas amorosas con las
ninfas: "así... ellas se inclinen".

y tus presentes obras resplandeces,
y a mayor fama están por ti obligadas,
   contempla dónde estás, que si falleces
al nombre que has ganado entre la gente,   185
de tu virtud en algo t'enflaqueces,
   porque al fuerte varón no se consiente
no resistir los casos de fortuna
con firme rostro y corazón valiente;
   y no tan solamente esta importuna,   190
con proceso crüel y riguroso,
con revolver de sol, de cielo y luna,
   mover no debe un pecho generoso
ni entristecello con funesto duelo,
turbando con molestia su reposo,   195
   mas si toda la máquina del cielo
con espantable son y con rüido,
hecha pedazos, se viniere al suelo,
   debe ser aterrado y oprimido
del grave peso y de la gran rüina   200
primero que espantado y comovido.
   Por estas asperezas se camina
de la inmortalidad al alto asiento,
do nunca arriba quien d'aquí declina.
   Y en fin, señor, tornando al movimiento   205
de la humana natura, bien permito
a nuestra flaca parte un sentimiento,
   mas el eceso en esto vedo y quito,
si alguna cosa puedo, que parece
que quiere proceder en infinito.   210
   A lo menos el tiempo, que descrece
y muda de las cosas el estado,
debe bastar, si la razón fallece:
   no fue el troyano príncipe llorado
siempre del viejo padre dolorido,   215
ni siempre de la madre lamentado;

188 *casos*: accidentes
190 *esta importuna*: la fortuna
199 *aterrado*: derribado
214-215 Se refiere a Héctor, hijo de Príamo, muerto por Aquiles.

    antes, después del cuerpo redemido
con lágrimas humildes y con oro,
que fue del fiero Aquiles concedido,
    y reprimiendo el lamentable coro   220
del frigio llanto, dieron fin al vano
y sin provecho sentimiento y lloro.

    El tierno pecho, en esta parte humano,
de Venus, ¿qué sintió, su Adonis viendo
de su sangre regar el verde llano?   225
    Mas desque vido bien que, corrompiendo
con lágrimas sus ojos, no hacía
sino en su llanto estarse deshaciendo,
    y que tornar llorando no podía
su caro y dulce amigo de la escura   230
y tenebrosa noche al claro día,
    los ojos enjugó y la frente pura
mostró con algo más contentamiento,
dejando con el muerto la tristura.

    Y luego con gracioso movimiento   235
se fue su paso por el verde suelo,
con su guirlanda usada y su ornamento;
    desordenaba con lascivo vuelo
el viento sus cabellos; con su vista
s'alegraba la tierra, el mar y el cielo.   240
    Con discurso y razón, que's tan prevista,
con fortaleza y ser, que en ti contemplo,
a la flaca tristeza se resista.
    Tu ardiente gana de subir al templo
donde la muerte pierde su derecho   245
te basta, sin mostrarte yo otro enjemplo;
    allí verás cuán poco mal ha hecho
la muerte en la memoria y clara fama
de los famosos hombres que ha deshecho.
    Vuelve los ojos donde al fin te llama   250

217 *antes*: sino que, al contrario
236 *se fue su paso*: fue paseándose
244 *templo*: el de la fama humana
251 *la suprema esperanza*: la inmortalidad celestial

la suprema esperanza, do perfeta
sube y purgada el alma en pura llama;
    ¿piensas que es otro el fuego que en Oeta
d'Alcides consumió la mortal parte
cuando voló el espíritu a la alta meta?   255
    Desta manera aquél, por quien reparte
tu corazón sospiros mil al día
y resuena tu llanto en cada parte,
    subió por la difícil y alta vía,
de la carne mortal purgado y puro,   260
en la dulce región del alegría,
    do con discurso libre ya y seguro
mira la vanidad de los mortales,
ciegos, errados en el aire 'scuro,
    y viendo y contemplando nuestros males,   265
alégrase d'haber alzado el vuelo
y gozar de las horas immortales.
    Pisa el immenso y cristalino cielo,
teniendo puestos d'una y d'otra mano
el claro padre y el sublime agüelo: 270
    el uno ve de su proceso humano
sus virtudes estar allí presentes,
que'l áspero camino hacen llano;
    el otro, que acá hizo entre las gentes
en la vida mortal menor tardanza,   275
sus llagas muestra allá resplandecientes.
    (Dellas aqueste premio allá s'alcanza,
porque del enemigo no conviene
procurar en el cielo otra venganza).
    Mira la tierra, el mar que la contiene,   280
todo lo cual por un pequeño punto
a respeto del cielo juzga y tiene;
    puesta la vista en aquel gran trasunto

253-254 En Oeta se quemó el cuerpo de Hércules (Alcides) y subió
         luego su alma al cielo de los héroes.
    270 El padre fue D. García de Toledo, quien murió joven en
         la conquista de los Gelves; el abuelo fue D. Fadrique
         de Toledo. Sobre estos dos véase Égloga II, 1186-1266.

y espejo do se muestra lo pasado
con lo futuro y lo presente junto,   285
   el tiempo que a tu vida limitado
d'allá arriba t'está, Fernando, mira,
y allí ve tu lugar ya deputado.
   ¡Oh bienaventurado, que sin ira,
sin odio, en paz estás, sin amor ciego,   290
con quien acá se muere y se sospira,
   y en eterna holganza y en sosiego
vives y vivirás cuanto encendiere
las almas del divino amor el fuego!
   Y si el cielo piadoso y largo diere   295
luenga vida a la voz deste mi llanto,
lo cual tú sabes que pretiende y quiere,
   yo te prometo, amigo, que entretanto
que el sol al mundo alumbre y que la escura
noche cubra la tierra con su manto,   300
   y en tanto que los peces la hondura
húmida habitarán del mar profundo
y las fieras del monte la espesura,
   se cantará de ti por todo el mundo,
que en cuanto se discurre, nunca visto   305
de tus años jamás otro segundo
será, desde'l Antártico a Calisto.

287-288   *mira, ve*: indicativos (el sujcto sigue siendo don Bernaldino)
   288   *deputado*: destinado
   293   *cuanto*: mientras
   307   *Calisto*: la Osa Mayor, o sea, el polo ártico

ELEGÍA II

Self analysis. Jealousy. 105-8,
nothing in Petrarch about jealousy.

A BOSCÁN

Horatian period.

Aquí, Boscán, donde del buen troyano
Anquises con eterno nombre y vida
conserva la ceniza el Mantüano,
    debajo de la seña esclarecida
de César africano nos hallamos   5
la vencedora gente recogida:
    diversos en estudio, que unos vamos
muriendo por coger de la fatiga
el fruto que con el sudor sembramos;
    otros (que hacen la virtud amiga   10
y premio de sus obras y así quieren
que la gente lo piense y que lo diga)
    destotros en lo público difieren,
y en lo secreto sabe Dios en cuánto
se contradicen en lo que profieren.   15
    Yo voy por medio, porque nunca tanto
quise obligarme a procurar hacienda,
que un poco más que aquéllos me levanto;
    ni voy tampoco por la estrecha senda

1-3 Es decir, donde el mantuano Virgilio en la *Eneida* hizo
    celebrarse los funerales de Anquises, en Trápana (Sicilia).
5 *César africano*: Carlos V, conquistador de Túnez
6 "la vencedora gente [= nosotros] nos hallamos recogida"
7 *estudio*: empeño
13 *destotros*: de estos otros, de los primeros

de los que cierto sé que a la otra vía   20
vuelven, de noche al caminar, la rienda.

Mas ¿dónde me llevó la pluma mía?,
que a sátira me voy mi paso a paso,
y aquesta que os escribo es elegía.

Yo enderezo, señor, en fin mi paso   25
por donde vos sabéis que su proceso
siempre ha llevado y lleva Garcilaso;

y así, en mitad d'aqueste monte espeso,
de las diversidades me sostengo,
no sin dificultad, mas no por eso   30

dejo las musas, antes torno y vengo
dellas al negociar, y varïando,
con ellas dulcemente me entretengo.

Así se van las horas engañando;
así del duro afán y grave pena   35
estamos algún hora descansando.

D'aquí iremos a ver de la Serena
la patria, que bien muestra haber ya sido
de ocio y d'amor antiguamente llena.

Allí mi corazón tuvo su nido   40
un tiempo ya, mas no sé, triste, agora
o si estará ocupado o desparcido;

daquesto un frío temor así a deshora
por mis huesos discurre en tal manera
que no puedo vivir con él un' hora.   45

Si, triste, de mi bien yo estado hubiera
un breve tiempo ausente, no lo niego
que con mayor seguridad viviera:

la breve ausencia hace el mismo juego
en la fragua d'amor que en fragua ardiente   50

<hr/>

29 *de*: por medio de
31-32 Es decir, que no dejo la poesía, sino que de ella a las
       negociaciones políticas voy y vuelvo, variando.
37 La "patria de la Serena", o sea, de la sirena Parténope,
    es Nápoles.
41 *ya*: antes
42 *desparcido*: esparcido
49 *hace el mismo juego*: tiene el mismo resultado

el agua moderada hace al fuego,
 la cual verás que no tan solamente
no le suele matar, mas le refuerza
con ardor más intenso y eminente,
 porque un contrario, con la poca fuerza 55
de su contrario, por vencer la lucha
su brazo aviva y su valor esfuerza.
 Pero si el agua en abundancia mucha
sobre'l fuego s'esparce y se derrama,
el humo sube al cielo, el son s'escucha 60
 y, el claro resplandor de viva llama
en polvo y en ceniza convertido,
apenas queda d'él sino la fama:
 así el ausencia larga, que ha esparcido
en abundancia su licor que amata 65
el fuego qu'el amor tenía encendido,
 de tal suerte lo deja que lo trata
la mano sin peligro en el momento
que en aparencia y son se desbarata.
 Yo solo fuera voy d'aqueste cuento, 70
porque'l amor m'aflige y m'atormenta
y en el ausencia crece el mal que siento;
 y pienso yo que la razón consienta
y permita la causa deste efeto,
que a mí solo entre todos se presenta, 75
 porque como del cielo yo sujeto
estaba eternamente y diputado
al amoroso fuego en que me meto,
 así, para poder ser amatado,
el ausencia sin término, infinita 80
debe ser, y sin tiempo limitado;
 lo cual no habrá razón que lo permita,
porque por más y más que ausencia dure,
con la vida s'acaba, qu'es finita.
 Mas a mí ¿quién habrá que m'asegure 85

55-56 *un contrario... su contrario*: el un contrario... el otro
 65 *su licor que amata*: su líquido que mata o apaga
 70 "yo soy la única excepción"

que mi mala fortuna con mudanza
y olvido contra mí no se conjure?

　　Este temor persigue la esperanza
y oprime y enflaquece el gran deseo
con que mis ojos van de su holganza;   90

　　con ellos solamente agora veo
este dolor qu'el corazón me parte,
y con él y comigo aquí peleo.

　　¡Oh crudo, oh riguroso, oh fiero Marte,
de túnica cubierto de diamante   95
y endurecido siempre en toda parte!,

　　¿qué tiene que hacer el tierno amante
con tu dureza y áspero ejercicio,
llevado siempre del furor delante?

　　Ejercitando por mi mal tu oficio,   100
soy reducido a términos que muerte
será mi postrimero beneficio;

　　y ésta no permitió mi dura suerte
que me sobreviniese peleando,
de hierro traspasado agudo y fuerte,   105

　　porque me consumiese contemplando
mi amado y dulce fruto en mano ajena,
y el duro posesor de mí burlando.

　　Mas ¿dónde me trasporta y enajena
de mi propio sentido el triste miedo?   110
A parte de vergüenza y dolor llena,

　　donde, si el mal yo viese, ya no puedo,
según con esperalle estoy perdido,
acrecentar en la miseria un dedo.

　　Así lo pienso agora, y si él venido   115
fuese en su misma forma y su figura,
ternia el presente por mejor partido,

　　y agradeceria siempre a la ventura
mostrarme de mi mal solo el retrato
que pintan mi temor y mi tristura.   120

106 *porque*: para que
111 *parte*: sitio
117 *ternia*: tendría

   Yo sé qué cosa es esperar un rato
el bien del propio engaño y solamente
tener con él inteligencia y trato,
   como acontece al mísero doliente
que, del un cabo, el cierto amigo y sano   125
le muestra el grave mal de su acidente,
   y le amonesta que del cuerpo humano
comience a levantar a mejor parte
el alma suelta con volar liviano;
   mas la tierna mujer, de la otra parte,   130
no se puede entregar al desengaño
y encúbrele del mal la mayor parte;
   él, abrazado con su dulce engaño,
vuelve los ojos a la voz piadosa
y alégrase muriendo con su daño: 135
   así los quito yo de toda cosa
y póngolos en solo el pensamiento
de la esperanza, cierta o mentirosa;
   en este dulce error muero contento,
porque ver claro y conocer mi 'stado   140
no puede ya curar el mal que siento,
   y acabo como aquel qu'en un templado
baño metido, sin sentillo muere,
las venas dulcemente desatado.
   Tú, que en la patria, entre quien bien te quiere, 145
la deleitosa playa estás mirando
y oyendo el son del mar que en ella hiere,
   y sin impedimiento contemplando
la misma a quien tú vas eterna fama
en tus vivos escritos procurando,   150
   alégrate, que más hermosa llama
que aquella qu'el troyano encendimiento

---

125 *del un cabo*: del un lado (Véase v. 130: de la otra parte)
126 *acidente*: enfermedad
142-144 Se describe aquí el suicidio clásico del estoico romano.
144 "con las venas suavemente cortadas" (acusativo griego)
145 "Tú, Boscán, que en Barcelona, con tu esposa"
152-153 Se refiere al amor de Paris y Helena, que causó la destrucción de Troya.

pudo causar el corazón t'inflama;
no tienes que temer el movimiento
de la fortuna con soplar contrario,   155
que el puro resplandor serena el viento.
    Yo, como conducido mercenario,
voy do fortuna a mi pesar m'envía,
si no a morir, que aquéste's voluntario;
    solo sostiene la esperanza mía   160
un tan débil engaño que de nuevo
es menester hacelle cada día,
    y si no le fabrico y le renuevo,
da consigo en el suelo mi esperanza
tanto qu'en vano a levantalla pruebo.   165
    Aqueste premio mi servir alcanza,
que en sola la miseria de mi vida
negó fortuna su común mudanza.
    ¿Dónde podré hüir que sacudida
un rato sea de mí la grave carga   170
que oprime mi cerviz enflaquecida?
    Mas ¡ay!, que la distancia no descarga
el triste corazón, y el mal, doquiera
que 'stoy, para alcanzarme el brazo alarga:
    si donde'l sol ardiente reverbera   175
en la arenosa Libya, engendradora
de toda cosa ponzoñosa y fiera,
    o adond'él es vencido a cualquier hora
de la rígida nieve y viento frío,
parte do no se vive ni se mora,   180
    si en ésta o en aquélla el desvarío
o la fortuna me llevase un día
y allí gastase todo el tiempo mío,
    el celoso temor con mano fría
en medio del calor y ardiente arena   185
el triste corazón m'apretaría;
    y en el rigor del hielo y en la serena
noche, soplando el viento agudo y puro

181 *ésta... aquélla*: esta región fría... aquélla calurosa

qu'el veloce correr del agua enfrena,
   d'aqueste vivo fuego en que m'apuro,   190
y consumirme poco a poco espero,
sé que aun allí no podré estar seguro,
y así diverso entre contrarios muero.

189 *veloce*: veloz

EPÍSTOLA A BOSCÁN

Señor Boscán, quien tanto gusto tiene
de daros cuenta de los pensamientos,
hasta las cosas que no tienen nombre,
no le podrá faltar con vos materia,
ni será menester buscar estilo   5
presto, distinto, d'ornamento puro
tal cual a culta epístola conviene.
Entre muy grandes bienes que consigo
el amistad perfeta nos concede
es aqueste descuido suelto y puro,   10
lejos de la curiosa pesadumbre;
y así, d'aquesta libertad gozando,
digo que vine, cuanto a lo primero,
tan sano como aquel que en doce días
lo que sólo veréis ha caminado   15
cuando el fin de la carta os lo mostrare.
    Alargo y suelto a su placer la rienda,
mucho más que al caballo, al pensamiento,
y llévame a las veces por camino

---

1 *quien*: a quien (Véase "le" del v. 4)
5-11 Parece que aquí el poeta significa no querer escribir una
epístola culta, con rima (tercetos), sino una carta familiar,
en versos sueltos.
14-16 Durante el mes de septiembre de 1534 Garcilaso había estado
en Barcelona, donde vivía su amigo Boscán. Al final de esta
epístola vemos que viajó a caballo desde Barcelona hasta
Aviñón entre el 1.º y el 12 de octubre: "sólo veréis lo que
ha caminado" cuando se termine de leer la carta. De ahí
volvía a Nápoles, donde seguía en el servicio del virrey.

tan dulce y agradable que me hace   20
olvidar el trabajo del pasado;
otras me lleva por tan duros pasos
que con la fuerza del afán presente
también de los pasados se me olvida;
a veces sigo un agradable medio   25
honesto y reposado, en que'l discurso
del gusto y del ingenio se ejercita.
Iba pensando y discurriendo un día
a cuántos bienes alargó la mano
el que del amistad mostró el camino,   30
y luego vos, del amistad enjemplo,
os me ofrecéis en estos pensamientos,
y con vos a lo menos me acontece
una gran cosa, al parecer estraña,
y porque lo sepáis en pocos versos,   35
es que, considerando los provechos,
las honras y los gustos que me vienen
desta vuestra amistad, que en tanto tengo,
ninguna cosa en mayor precio estimo
ni me hace gustar del dulce estado   40
tanto como el amor de parte mía.
Éste comigo tiene tanta fuerza
que, sabiendo muy bien las otras partes
del amistad, la estrecheza nuestra,
con solo aquéste el alma se enternece;   45
y sé que otramente me aprovecha
el deleite, que suele ser pospuesto
a las útiles cosas y a las graves.
Llévame a escudriñar la causa desto
ver contino tan recio en mí el efeto,   50
y hallo que'l provecho, el ornamento,
el gusto y el placer que se me sigue
del vínculo d'amor, que nuestro genio
enredó sobre nuestros corazones,

22 *otras*: otras veces
46 *otramente*: de otra manera
51 *ornamento*: prestigio
52 *se me sigue*: alcanzo

son cosas que de mí no salen fuera,   55
y en mí el provecho solo se convierte.
Mas el amor, de donde por ventura
nacen todas las cosas, si hay alguna,
que a vuestra utilidad y gusto miren,
es gran razón que ya en mayor estima   60
tenido sea de mí que todo el resto,
cuanto más generosa y alta parte
es el hacer el bien que el recebille;
así que amando me deleito, y hallo
que no es locura este deleite mío.   65

¡Oh cuán corrido estoy y arrepentido
de haberos alabado el tratamiento
del camino de Francia y las posadas!
Corrido de que ya por mentiroso
con razón me ternéis; arrepentido   70
de haber perdido tiempo en alabaros
cosa tan digna ya de vituperio,
donde no hallaréis sino mentiras,
vinos acedos, camareras feas,
varletes codiciosos, malas postas,   75
gran paga, poco argén, largo camino;
llegar al fin a Nápoles, no habiendo
dejado allá enterrado algún tesoro,
salvo si no decís que's enterrado
lo que nunca se halla ni se tiene.   80
A mi señor Durall estrechamente
abrazá de mi parte, si pudierdes.
Doce del mes d'otubre, de la tierra
do nació el claro fuego del Petrarca
y donde están del fuego las cenizas.   85

56 "y yo solo recibo todo el provecho"
58 *alguna*: alguna cosa
65 *locura*: vanidad
74 *acedos*: ácidos
75 *varletes*: criados (francés)
76 *argén*: dinero (francés)
81-82 Por lo visto el Sr. Durall era muy gordo.
83-85 La patria del amor de Petrarca, Laura, era Aviñón, donde
       poco antes de pasar Garcilaso se había identificado su tumba.

ÉGLOGA I

AL VIRREY DE NÁPOLES

Personas: SALICIO, NEMOROSO

1.

El dulce lamentar de dos pastores,
Salicio juntamente y Nemoroso,
he de cantar, sus quejas imitando;
cuyas quejas al cantar sabroso
estaban muy atentas, los amores,   5
de pacer olvidadas, escuchando.
  Tú, que ganaste obrando
  un nombre en todo el mundo
  y un grado sin segundo,
agora estés atento sólo y dado   10
al ínclito gobierno del estado
albano, agora vuelto a la otra parte,
  resplandeciente, armado,
representando en tierra el fiero Marte;

---

título Esta égloga va dedicada al virrey de Nápoles, D. Pedro de
   Toledo, tío del duque de Alba. Es verosímil que Salicio
   exprese los celos de Garcilaso cuando D.ª Isabel Freire
   se casó con D. Antonio de Fonseca, y que Nemoroso exprese su dolor cuando ella murió de parto.
10-20 Aquí se sugieren varias ocupaciones posibles del virrey:
   la administración, la guerra o la caza.
11-12 *estado albano*: reino de Nápoles, por ser su virrey de la
   casa de Alba

2.

agora, de cuidados enojosos   15
y de negocios libre, por ventura
andes a caza, el monte fatigando
en ardiente ginete que apresura
el curso tras los ciervos temerosos,
que en vano su morir van dilatando: 20
     espera, que en tornando
     a ser restitüido
     al ocio ya perdido,
luego verás ejercitar mi pluma
por la infinita, innumerable suma   25
de tus virtudes y famosas obras,
     antes que me consuma,
faltando a ti, que a todo el mundo sobras.

3.

En tanto que este tiempo que adevino
viene a sacarme de la deuda un día   30
que se debe a tu fama y a tu gloria
(qu'es deuda general, no sólo mía,
mas de cualquier ingenio peregrino
que celebra lo digno de memoria),
     el árbol de victoria   35
     que ciñe estrechamente
     tu glorïosa frente
dé lugar a la hiedra que se planta
debajo de tu sombra y se levanta
poco a poco, arrimada a tus loores;   40

---

18 *ginete*: caballo ligero
22 súplase "yo".
27 "antes que yo me consuma, me muera"
28 *sobras*: superas (pero se contraponen los verbos "faltar"
    y "sobrar")
35 Se refiere al laurel con el que se coronaba a los militares
    victoriosos, los héroes épicos.
38 Al laurel se contrapone la hiedra, símbolo humilde del
    poeta pastoril.

Fragmento del cuadro de *Santa Úrsula*

Victoria and Albert Museum. Londres

s.c.c.ᵐᵗ

La orden q̃ el Principe a dado en el caminar de la gente
es q̃ se desenbarquen en vaya o en saona y de alli
tomen el camino La via de alexandria y ponerse en
medio desta ciudad y de alexandria lo qual se pone
luego en obra y yo me parto delante para tener proveydo
lo necessario en saona.

El capitan sababasa va a lo q̃ el principe y el enbia
xador escriuen, La gente q̃ viene segú todos a-
firman es muybuena. essa sᵒʳ La s. persona
de .v. m̃. guarde con acrecetamjeto de muevos
Reynos y sīos. De jenoua .17 de mayo 1536

s c c ᵐᵗ

Criado de .v. m̃.

Garcilasso

Carta autógrafa de Garcilaso a Carlos V (1536)

y en cuanto esto se canta,
escucha tú el cantar de mis pastores.

4.

Saliendo de las ondas encendido,
rayaba de los montes el altura
el sol, cuando Salicio, recostado   45
al pie d'una alta haya, en la verdura
por donde una agua clara con sonido
atravesaba el fresco y verde prado,
  él, con canto acordado
  al rumor que sonaba   50
  del agua que pasaba,
se quejaba tan dulce y blandamente
como si no estuviera de allí ausente
la que de su dolor culpa tenía,
  y así como presente,   55
razonando con ella, le decía:

5.

SAL. ¡Oh más dura que mármol a mis quejas
y al encendido fuego en que me quemo
más helada que nieve, Galatea!
Estoy muriendo, y aun la vida temo;   60
témola con razón, pues tú me dejas,
que no hay sin ti el vivir para qué sea.
  Vergüenza he que me vea
  ninguno en tal estado,
  de ti desamparado,   65
y de mí mismo yo me corro agora.
¿D'un alma te desdeñas ser señora
donde siempre moraste, no pudiendo
  della salir un hora?
Salid sin duelo, lágrimas, corriendo.   70

49 *él*: repetición del sujeto Salicio (v. 45)
70 *sin duelo*: sin doleros, sin lástima

6.

El sol tiende los rayos de su lumbre
por montes y por valles, despertando
las aves y animales y la gente:
cuál por el aire claro va volando,
cuál por el verde valle o alta cumbre   75
paciendo va segura y libremente,
       cuál con el sol presente
       va de nuevo al oficio
       y al usado ejercicio
do su natura o menester l'inclina;   80
siempre está en llanto esta ánima mezquina,
cuando la sombra el mundo va cubriendo,
       o la luz se avecina.
Salid sin duelo, lágrimas, corriendo.

7.

Y tú, desta mi vida ya olvidada,   85
sin mostrar un pequeño sentimiento
de que por ti Salicio triste muera,
dejas llevar, desconocida, al viento
el amor y la fe que ser guardada
eternamente solo a mí debiera.   90
       ¡Oh Dios!, ¿por qué siquiera,
       pues ves desde tu altura
       esta falsa perjura
causar la muerte d'un estrecho amigo,
no recibe del cielo algún castigo?   95
Si en pago del amor yo estoy muriendo,
       ¿qué hará el enemigo?
Salid sin duelo, lágrimas, corriendo.

79 *usado*: usual
88 *desconocida*: desagradecida
96-97 Es decir, que si al amigo se le da la muerte, ¿cómo se
     castigará al enemigo?

8.

Por ti el silencio de la selva umbrosa,
por ti la esquividad y apartamiento   100
del solitario monte m'agradaba;
por ti la verde hierba, el fresco viento,
el blanco lirio y colorada rosa
y dulce primavera deseaba.
    ¡Ay, cuánto m'engañaba!   105
    ¡Ay, cuán diferente era
    y cuán d'otra manera
lo que en tu falso pecho se escondía!
Bien claro con su voz me lo decía
la siniestra corneja, repitiendo   110
    la desventura mía.
Salid sin duelo, lágrimas, corriendo.

9.

¡Cuántas veces, durmiendo en la floresta,
reputándolo yo por desvarío,
vi mi mal entre sueños, desdichado!   115
Soñaba que en el tiempo del estío
llevaba, por pasar allí la siesta,
a abrevar en el Tajo mi ganado;
    y después de llegado,
    sin saber de cuál arte,   120
    por desusada parte
y por nuevo camino el agua s'iba;
ardiendo yo con la calor estiva,
el curso enajenado iba siguiendo   125
    del agua fugitiva.
Salid sin duelo, lágrimas, corriendo.

124 *enajenado*: desplazado

10.

Tu dulce habla ¿en cúya oreja suena?
Tus claros ojos ¿a quién los volviste?
¿Por quién tan sin respeto me trocaste?
Tu quebrantada fe ¿dó la pusiste?   130
¿Cuál es el cuello que como en cadena
de tus hermosos brazos añudaste?
        No hay corazón que baste,
        aunque fuese de piedra,
        viendo mi amada hiedra   135
de mí arrancada, en otro muro asida,
y mi parra en otro olmo entretejida,
que no s'esté con llanto deshaciendo
        hasta acabar la vida.
Salid sin duelo, lágrimas, corriendo.   140

11.

¿Qué no s'esperará d'aquí adelante,
por difícil que sea y por incierto,
o qué discordia no será juntada?
Y juntamente ¿qué terná por cierto,
o qué de hoy más no temerá el amante,   145
siendo a todo materia por ti dada?
        Cuando tú enajenada
        de mi cuidado fuiste,
        notable causa diste,
y ejemplo a todos cuantos cubre'l cielo,   150
que'l más seguro tema con recelo
perder lo que estuviere poseyendo.
        Salid fuera sin duelo,
salid sin duelo, lágrimas, corriendo.

143 *juntada*: reconciliada
146 *materia*: motivo

12.

Materia diste al mundo d'esperanza 155
d'alcanzar lo imposible y no pensado
y de hacer juntar lo diferente,
dando a quien diste el corazón malvado,
quitándolo de mí con tal mudanza
que siempre sonará de gente en gente. 160
La cordera paciente
con el lobo hambriento
hará su ajuntamiento,
y con las simples aves sin rüido
harán las bravas sierpes ya su nido, 165
que mayor diferencia comprehendo
de ti al que has escogido.
Salid sin duelo, lágrimas, corriendo.

13.

Siempre de nueva leche en el verano
y en el invierno abundo; en mi majada 170
la manteca y el queso está sobrado.
De mi cantar, pues, yo te via agradada
tanto que no pudiera el mantüano
Títero ser de ti más alabado.
No soy, pues, bien mirado, 175
tan disforme ni feo,
que aun agora me veo
en esta agua que corre clara y pura,
y cierto no trocara mi figura
con ese que de mí s'está reyendo; 180
¡trocara mi ventura!
Salid sin duelo, lágrimas, corriendo.

166-167 "que según entiendo, hay una diferencia más grande entre
        tí y el nuevo amante que has escogido"
170   *abundo*: tengo abundancia
173-174 *el mantuano Títero*: Virgilio como poeta pastoral
177   Entiéndase "reflejado".

14.

¿Cómo te vine en tanto menosprecio?
¿Cómo te fui tan presto aborrecible?
¿Cómo te faltó en mí el conocimiento?   185
Si no tuvieras condición terrible,
siempre fuera tenido de ti en precio
y no viera de ti este apartamiento.
              ¿No sabes que sin cuento
                   buscan en el estío   190
                   mis oveias el frío
de la sierra de Cuenca, y el gobierno
del abrigado Estremo en el invierno?
Mas ¡qué vale el tener, si derritiendo
              m'estoy en llanto eterno!   195
Salid sin duelo, lágrimas, corriendo.

15.

Con mi llorar las piedras enternecen
su natural dureza y la quebrantan;
los árboles parece que s'inclinan;
las aves que m'escuchan, cuando cantan,   200
con diferente voz se condolecen
y mi morir cantando m'adevinan;
              las fieras que reclinan
                   su cuerpo fatigado
                   dejan el sosegado   205
sueño por escuchar mi llanto triste:
tú sola contra mí t'endureciste,
los ojos aun siquiera no volviendo
              a los que tú hiciste.
Salid sin duelo, lágrimas, corriendo.   210

185 "¿cómo dejaste de conocerme como soy?"
186 *condición*: carácter
192 *gobierno*: mantenimiento
193 *Estremo*: Extremadura
194 *el tener*: el ser rico
209 "a los ojos míos que creaste mirándolos"

16.

Mas ya que a socorrer aquí no vienes,
no dejes el lugar que tanto amaste,
que bien podrás venir de mí segura.
Yo dejaré el lugar do me dejaste;
ven si por solo esto te detienes.   215
Ves aquí un prado lleno de verdura,
        ves aquí un' espesura,
        ves aquí un agua clara,
        en otro tiempo cara,
a quien de ti con lágrimas me quejo;   220
quizá aquí hallarás, pues yo m'alejo,
al que todo mi bien quitar me puede,
        que pues el bien le dejo,
no es mucho que'l lugar también le quede.

17.

Aquí dio fin a su cantar Salicio,   225
y sospirando en el postrero acento,
soltó de llanto una profunda vena;
queriendo el monte al grave sentimiento
d'aquel dolor en algo ser propicio,
con la pesada voz retumba y suena;   230
        la blanca Filomena,
        casi como dolida
        y a compasión movida,
dulcemente responde al son lloroso.
Lo que cantó tras esto Nemoroso,   235
decildo vos, Pïérides, que tanto
        no puedo yo ni oso,
que siento enflaquecer mi débil canto.

231 *Filomena*: mujer convertida en ruiseñor
236 *decildo... Piérides*: decidlo... Musas

18.

NEM. Corrientes aguas puras, cristalinas,
   árboles que os estáis mirando en ellas,   240
   verde prado de fresca sombra lleno,
   aves que aquí sembráis vuestras querellas,
   hiedra que por los árboles caminas,
   torciendo el paso por su verde seno:
         yo me vi tan ajeno   245
         del grave mal que siento
         que de puro contento
   con vuestra soledad me recreaba,
   donde con dulce sueño reposaba,
   o con el pensamiento discurría   250
         por donde no hallaba
   sino memorias llenas d'alegría;

—— 19.

   y en este triste valle, donde agora
   me entristezco y me canso en el reposo,
   estuve ya contento y descansado.   255
   ¡Oh bien caduco, vano y presuroso!
   Acuérdome, durmiendo aquí algún hora,
   que, despertando, a Elisa vi a mi lado.
         ¡Oh miserable hado!
         ¡Oh tela delicada,   260
         antes de tiempo dada
   a los agudos filos de la muerte!
         Más convenible suerte
   a los cansados años de mi vida,
         que's más que'l hierro fuerte,   265
   pues no la ha quebrantado tu partida.

---

255 *ya*: antes
260 Metafóricamente, la vida es una tela o trama tejida por
     los hilos de una Parca y luego cortada por las tijeras
     de otra.
263 *convenible*: apropiada

20.

¿Dó están agora aquellos claros ojos
que llevaban tras sí, como colgada,
mi alma, doquier que ellos se volvían?
¿Dó está la blanca mano delicada,   270
llena de vencimientos y despojos
que de mí mis sentidos l'ofrecían?
    Los cabellos que vían
    con gran desprecio al oro
    como a menor tesoro   275
¿adónde están, adónde el blanco pecho?
¿Dó la columna que'l dorado techo
con presunción graciosa sostenía?
Aquesto todo agora ya s'encierra,
    por desventura mía,   280
en la fría, desierta y dura tierra.

21.

¿Quién me dijera, Elisa, vida mía,
cuando en aqueste valle al fresco viento
andábamos cogiendo tiernas flores,
que habia de ver, con largo apartamiento,   285
venir el triste y solitario día
que diese amargo fin a mis amores?
    El cielo en mis dolores
    cargó la mano tanto
    que a sempiterno llanto   290
y a triste soledad me ha condenado;
y lo que siento más es verme atado
a la pesada vida y enojosa,
    solo, desamparado,
ciego, sin lumbre en cárcel tenebrosa.   295

277 *columna, techo*: cuello, cabellera
289 "pesó tan excesivamente"

22.

Despúes que nos dejaste, nunca pace
en hartura el ganado ya, ni acude
el campo al labrador con mano llena;
no hay bien que'n mal no se convierta y mude.
La mala hierba al trigo ahoga, y nace   300
en su lugar la infelice avena;
    la tierra, que de buena
    gana nos producía
    flores con que solía
quitar en solo vellas mil enojos,   305
produce agora en cambio estos abrojos,
ya de rigor d'espinas intratable.
    Yo hago con mis ojos
crecer, lloviendo, el fruto miserable.

23.

Como al partir del sol la sombra crece,   310
y en cayendo su rayo, se levanta
la negra escuridad que'l mundo cubre,
de do viene el temor que nos espanta
y la medrosa forma en que s'ofrece
aquella que la noche nos encubre   315
    hasta que'l sol descubre
    su luz pura y hermosa:
    tal es la tenebrosa
noche de tu partir en que he quedado
de sombra y de temor atormentado,   320
hasta que muerte el tiempo determine

296 *nos*: se refiere al conjunto de pastores y labradores
301 *infelice*: infeliz
309 *lloviendo*: llorando, metafóricamente
315 *aquella*: aquella forma. Es decir, que la noche nos encu-
    bre las formas verdaderas para ofrecérnoslas medrosas,
    asustadoras.
321 *muerte*: la muerte personificada

que a ver el deseado
sol de tu clara vista m'encamine.

24.

Cual suele el ruiseñor con triste canto
quejarse, entre las hojas escondido,   325
del duro labrador que cautamente
le despojó su caro y dulce nido
de los tiernos hijuelos entretanto
que del amado ramo estaba ausente,
        y aquel dolor que siente,   330
        con diferencia tanta,
        por la dulce garganta
despide, y a su canto el aire suena,
y la callada noche no refrena
su lamentable oficio y sus querellas,   335
        trayendo de su pena
el cielo por testigo y las estrellas:

25.

desta manera suelto ya la rienda
a mi dolor y ansí me quejo en vano
de la dureza de la muerte airada;   340
ella en mi corazón metió la mano
y d'allí me llevó mi dulce prenda,
que aquél era su nido y su morada.
        ¡Ay, muerte arrebatada,
        por ti m'estoy quejando   345
        al cielo y enojando
con importuno llanto al mundo todo!
El desigual dolor no sufre modo;
no me podrán quitar el dolorido

324 *cual*: así como (Véase v. 388: desta manera)
331 "por el cambio tan grande"
348 "El dolor desproporcionado a mis fuerzas no permite limi-
     taciones".

sentir si ya del todo   350
primero no me quitan el sentido.

26.

Tengo una parte aquí de tus cabellos,
Elisa, envueltos en un blanco paño,
que nunca de mi seno se m'apartan;
descójolos, y de un dolor tamaño   355
enternecer me siento que sobre ellos
nunca mis ojos de llorar se hartan.
    Sin que d'allí se partan,
    con sospiros callientes,
    más que la llama ardientes,   360
los enjugo del llanto, y de consuno
casi los paso y cuento uno a uno;
juntándolos, con un cordón los ato.
    Tras esto el importuno
dolor me deja descansar un rato.   365

27.

Mas luego a la memoria se m'ofrece
aquella noche tenebrosa, escura,
que siempre aflige esta anima mezquina
con la memoria de mi desventura:
verte presente agora me parece   370
en aquel duro trance de Lucina;
    y aquella voz divina,
    con cuyo son y acentos
    a los airados vientos
pudieron amansar, que agora es muda,   375
me parece que oigo, que a la cruda,
inexorable diosa demandabas
    en aquel paso ayuda;
y tú, rústica diosa, ¿dónde estabas?

---

355 *descójolos*: los despliego
361 *de consuno*: juntamente
371 *Lucina*: diosa del parto, identificada con Diana, la casta
diosa de la luna y de la caza (Véase v. 380)

28.

¿Íbate tanto en perseguir las fieras?　　　　380
¿Íbate tanto en un pastor dormido?
¿Cosa pudo bastar a tal crüeza
que, comovida a compasión, oído
a los votos y lágrimas no dieras,
por no ver hecha tierra tal belleza,　　　　385
　　　　o no ver la tristeza
　　　　en que tu Nemoroso
　　　　queda, que su reposo
era seguir tu oficio, persiguiendo
las fieras por los montes y ofreciendo　　　390
a tus sagradas aras los despojos?
　　　　¡Y tú, ingrata, riendo
dejas morir mi bien ante mis ojos!

29.

Divina Elisa, pues agora el cielo
con inmortales pies pisas y mides,　　　　395
y su mudanza ves, estando queda,
¿por qué de mí te olvidas y no pides
que se apresure el tiempo en que este velo
rompa del cuerpo y verme libre pueda,
　　　　y en la tercera rueda,　　　　400
　　　　contigo mano a mano,
　　　　busquemos otro llano,
busquemos otros montes y otros ríos,
otros valles floridos y sombríos
donde descanse y siempre pueda verte　　　405

380　*íbate tanto en*: te importaba tanto
381　*un pastor dormido*: Endimión, de quien estuvo enamorada
　　　Diana
382　*¿Cosa?*: ¿Qué (cosa)? (italianismo)
385　"por evitar la destrucción de tal belleza"
396　*queda*: quieta, inmóvil como el empíreo o último cielo
400　*la tercera rueda*: la tercera esfera o planeta, el cielo de
　　　Venus, diosa del amor

ante los ojos míos,
sin miedo y sobresalto de perderte?

30.

Nunca pusieran fin al triste lloro
los pastores, ni fueran acabadas
las canciones que solo el monte oía,   410
si mirando las nubes coloradas,
al tramontar del sol bordadas d'oro,
no vieran que era ya pasado el día;
       la sombra se veía
       venir corriendo apriesa   415
       ya por la falda espesa
del altísimo monte, y recordando
ambos como de sueño, y acabando
el fugitivo sol, de luz escaso,
       su ganado llevando,   420
se fueron recogiendo paso a paso.

415 *apriesa*: aprisa
417 *recordando*: despertando

ÉGLOGA SEGUNDA

Personas: ALBANIO, CAMILA; SALICIO, NEMOROSO

ALB.   En medio del invierno está templada
el agua dulce desta clara fuente,
y en el verano más que nieve helada.

    ¡Oh claras ondas, cómo veo presente,
en viéndoos, la memoria d'aquel día   5
de que el alma temblar y arder se siente!

    En vuestra claridad vi mi alegría
escurecerse toda y enturbiarse;
cuando os cobré, perdí mi compañía.

    ¿A quién pudiera igual tormento darse,   10
que con lo que descansa otro afligido
venga mi corazón a atormentarse?

    El dulce murmurar deste rüido,
el mover de los árboles al viento,
el suave olor del prado florecido   15

---

título Es de suponer que, como en la Égloga I, Salicio y Nemoroso
representan al poeta mismo. Es verosímil que Albanio
represente a algún miembro de la familia del duque de
Alba, posiblemente a su hermano menor D. Bernaldino
de Toledo, cuya muerte ocasionó la Elegía I. Camila parece ser una prima suya (Véase v. 170-172). No se puede
identificar con seguridad a los otros personajes mencionados en este poema: Galafrón (v. 129 y 1881) sería
un compañero de Garcilaso, y Gravina (v. 719) una amiga
suya.

11 *descansa:* se alivia

podrian tornar d'enfermo y descontento
cualquier pastor del mundo alegre y sano;
yo solo en tanto bien morir me siento.

¡Oh hermosura sobre'l ser humano,
oh claros ojos, oh cabellos d'oro,   20
oh cuello de marfil, oh blanca mano!,
¿cómo puede ora ser qu'en triste lloro
se convertiese tan alegre vida
y en tal pobreza todo mi tesoro?

Quiero mudar lugar y a la partida   25
quizá me dejará parte del daño
que tiene el alma casi consumida.

¡Cuán vano imaginar, cuán claro engaño
es darme yo a entender que con partirme,
de mí s'ha de partir un mal tamaño!   30

¡Ay miembros fatigados, y cuán firme
es el dolor que os cansa y enflaquece!
¡Oh, si pudiese un rato aquí adormirme!

Al que, velando, el bien nunca s'ofrece,
quizá qu'el sueño le dará, durmiendo,   35
algún placer que presto desparece;
en tus manos ¡oh sueño! m'encomiendo.

SAL.   ¡Cuán bienaventurado
             aquél puede llamarse
que con la dulce soledad s'abraza,   40
             y vive descuidado
             y lejos d'empacharse
en lo que al alma impide y embaraza!
             No ve la llena plaza
             ni la soberbia puerta   45
             de los grandes señores,
             ni los aduladores
a quien la hambre del favor despierta;

---

16 *tornar*: hacer cambiar (de estar enfermo y descontento
a estar alegre y sano)

no le será forzoso
rogar, fingir, temer y estar quejoso.   50

A la sombra holgando
d'un alto pino o robre
o d'alguna robusta y verde encina,
el ganado contando
de su manada pobre   55
que en la verde selva s'avecina,
plata cendrada y fina
y oro luciente y puro
bajo y vil le parece,
y tanto lo aborrece   60
que aun no piensa que dello está seguro,
y como está en su seso,
rehuye la cerviz del grave peso.

Convida a un dulce sueño
aquel manso rüido   65
del agua que la clara fuente envía,
y las aves sin dueño,
con canto no aprendido,
hinchen el aire de dulce armonía.
Háceles compañía,   70
a la sombra volando
y entre varios olores
gustando tiernas flores,
la solícita abeja susurrando;
los árboles, el viento   75
al sueño ayudan con su movimiento,

¿Quién duerme aquí? ¿Dó está que no
                                    [le veo?
¡Oh, hele allí! ¡Dichoso tú, que aflojas
la cuerda al pensamiento o al deseo!

57 *cendrada*: acendrada
61 "que todavía no cree estar exento de las preocupaciones
    monetarias"
68 *no aprendido*: natural

¡Oh natura, cuán pocas obras cojas   80
en el mundo son hechas por tu mano!
Creciendo el bien, menguando las congojas,
  el sueño diste al corazón humano
para que, al despertar, más s'alegrase
del estado gozoso, alegre o sano,   85
  que como si de nuevo le hallase,
hace aquel intervalo que ha passado
qu'el nuevo gusto nunca al bien se pase;
  y al que de pensamiento fatigado
el sueño baña con licor piadoso,   90
curando el corazón despedazado,
  aquel breve descanso, aquel reposo
basta para cobrar de nuevo aliento
con que se pase el curso trabajoso.
  Llegarme quiero cerca con buen tiento   95
y ver, si de mí fuere conocido,
si es del número triste o del contento.
  Albanio es este que 'stá 'quí dormido,
o yo conosco mal; Albanio es, cierto.
Duerme, garzón cansado y afligido.   100
  ¡Por cuán mejor librado tengo un muerto,
que acaba'l curso de la vida humana
y es conducido a más seguro puerto,
  qu'el que, viviendo acá, de vida ufana
y d'estado gozoso, noble y alto   105
es derrocado de fortuna insana!
  Dicen qu'este mancebo dio un gran salto,
que d'amorosos bienes fue abundante,
y agora es pobre, miserable y falto;
  no sé la historia bien, mas quien delante   110
se halló al duelo me contó algún poco
del grave caso deste pobre amante.

---

88 "que a la felicidad no se le pierda el sabor de la no-
    vedad"
110-111 *delante... al duelo*: en la presencia de su llanto

ALB. ¿Es esto sueño, o ciertamente toco
la blanca mano? ¡Ah, sueño, estás burlando!
Yo estábate creyendo como loco.   115

    ¡Oh cuitado de mí! Tú vas volando
con prestas alas por la ebúrnea puerta;
yo quédome tendido aquí llorando.

    ¿No basta el grave mal en que despierta
el alma vive, o por mejor decillo,   120
está muriendo d'una vida incierta?

SAL. Albanio, deja el llanto, qu'en oíllo
me aflijo.

ALB.   ¿Quién presente 'stá a mi duelo?

SAL. Aquí está quien t'ayudará a sentillo.

ALB. ¿Aquí estás tú, Salicio? Gran consuelo   125
me fuera en cualquier mal tu compañía,
mas tengo en esto por contrario el cielo.

SAL. Parte de tu trabajo ya m'había
contado Galafrón, que fue presente
en aqueste lugar el mismo día,   130

    mas no supo decir del acidente
la causa principal, bien que pensaba
que era mal que decir no se consiente;

    y a la sazón en la ciudad yo estaba,
como tú sabes bien, aparejando   135
aquel largo camino que 'speraba,

    y esto que digo me contaron cuando
torné a volver; mas yo te ruego ahora,
si esto no es enojoso que demando,

    que particularmente el punto y hora,   140
la causa, el daño cuentes y el proceso,
que'l mal, comunicándose, mejora.

ALB. Con un amigo tal, verdad es eso
cuando el mal sufre cura, mi Salicio,

---

117 *la ebúrnea puerta*: la puerta de marfil, por donde pasan
    los sueños falsos
134-136 Estos versos encierran sin duda una referencia autobio-
    gráfica a alguno de los muchos viajes de Garcilaso.
144 *sufre*: admite

mas éste ha penetrado hasta el hueso.   145
  Verdad es que la vida y ejercicio
común y el amistad que a ti me ayunta
mandan que complacerte sea mi oficio;
  mas ¿qué haré?, qu'el alma ya barrunta
que quiero renovar en la memoria   150
la herida mortal d'aguda punta,
  y póneme delante aquella gloria
pasada y la presente desventura
para espantarme de la horrible historia.
  Por otra parte, pienso qu'es cordura   155
renovar tanto el mal que m'atormenta
que a morir venga de tristeza pura,
  y por esto, Salicio, entera cuenta
te daré de mi mal como pudiere,
aunque el alma rehuya y no consienta.   160
  Quise bien, y querré mientras rigere
aquestos miembros el espirtu mío,
aquélla por quien muero, si muriere.
  En este amor no entré por desvarío,
ni lo traté, como otros, con engaños,   165
ni fue por elección de mi albedrío:
  desde mis tiernos y primeros años
a aquella parte m'enclinó mi estrella
y aquel fiero destino de mis daños.
  Tú conociste bien una doncella   170
de mi sangre y agüelos decendida,
más que la misma hermosura bella;
  en su verde niñez siendo ofrecida
por montes y por selvas a Diana,
ejercitaba allí su edad florida.   175
  Yo, que desde la noche a la mañana
y del un sol al otro sin cansarme
seguía la caza con estudio y gana,
  por deudo y ejercicio a conformarme
vine con ella en tal domestiqueza   180

157 *de tristeza pura*: de puro triste
171 *agüelos*: abuelos

que della un punto no sabia apartarme;
iba de un hora en otra la estrecheza
haciéndose mayor, acompañada
de un amor sano y lleno de pureza.

¿Qué montaña dejó de ser pisada   185
de nuestros pies? ¿Qué bosque o selva umbrosa
no fue de nuestra caza fatigada?

Siempre con mano larga y abundosa,
con parte de la caza visitando
el sacro altar de nuestra santa diosa,   190

la colmilluda testa ora llevando
del puerco jabalí, cerdoso y fiero,
del peligro pasado razonando,

ora clavando del ciervo ligero
en algún sacro pino los ganchosos   195
cuernos, con puro corazón sincero,

tornábamos contentos y gozosos,
y al disponer de lo que nos quedaba,
jamás me acuerdo de quedar quejosos.

Cualquiera caza a entrambos agradaba,   200
pero la de las simples avecillas
menos trabajo y más placer nos daba.

En mostrando el aurora sus mejillas
de rosa y sus cabellos d'oro fino,
humedeciendo ya las florecillas,   205

nosotros, yendo fuera de camino,
buscábamos un valle, el más secreto
y de conversación menos vecino.

Aquí, con una red de muy perfeto
verde teñida, aquel valle atajábamos   210
muy sin rumor, con paso muy quïeto;

de dos árboles altos la colgábamos,
y habiéndonos un poco lejos ido,

180 *domestiqueza*: domestiquez, intimidad tranquila
185 *dejó de ser*: no fue
191 *testa*: cabeza
208 *conversación*: trato humano

hacia la red armada nos tornábamos,
  y por lo más espeso y escondido   215
los árboles y matas sacudiendo,
turbábamos el valle con rüido.

  Zorzales, tordos, mirlas, que temiendo,
delante de nosotros espantados,
del peligro menor iban huyendo,   220
  daban en el mayor, desatinados,
quedando en la sotil red engañosa
confusamente todos enredados.

  Y entonces era vellos una cosa
estraña y agradable, dando gritos   225
y con voz lamentándose quejosa;
  algunos dellos, que eran infinitos,
su libertad buscaban revolando;
otros estaban míseros y aflitos.

  Al fin, las cuerdas de la red tirando,   230
llevábamosla juntos casi llena,
la caza a cuestas y la red cargando.

  Cuando el húmido otoño ya refrena
del seco estío el gran calor ardiente
y va faltando sombra a Filomena,   235
  con otra caza, d'ésta diferente,
aunque también de vida ociosa y blanda,
pasábamos el tiempo alegremente.

  Entonces siempre, como sabes, anda
d'estorninos volando a cada parte,   240
acá y allá, la espesa y negra banda;
  y cierto aquesto es cosa de contarte,
cómo con los que andaban por el viento
usábamos también astucia y arte.

  Uno vivo, primero, d'aquel cuento   245
tomábamos, y en esto sin fatiga
era cumplido luego nuestro intento;
  al pie del cual un hilo untado en liga
atando, le soltábamos al punto
que vía volar aquella banda amiga;   250

229 *aflitos*: afligidos

apenas era suelto cuando junto
estaba con los otros y mesclado,
secutando el efeto de su asunto:
a cuantos era el hilo enmarañado
por alas o por pies o por cabeza, 255
todos venian al suelo mal su grado.

Andaban forcejando una gran pieza,
a su pesar y a mucho placer nuestro,
que así d'un mal ajeno bien s'empieza.

Acuérdaseme agora qu'el siniestro 260
canto de la corneja y el agüero
para escaparse no le fue maestro.

Cuando una dellas, como es muy ligero,
a nuestras manos viva nos venía,
era prisión de más d'un prisionero; 265
la cual a un llano grande yo traía
adó muchas cornejas andar juntas,
o por el suelo o por el aire, vía;

clavándola en la tierra por las puntas
estremas de las alas, sin rompellas, 270
seguiase lo que apenas tú barruntas.

Parecia que mirando las estrellas,
clavada boca arriba en aquel suelo,
estaba a contemplar el curso dellas;

d'allí nos alejábamos, y el cielo 275
rompia con gritos ella y convocaba
de las cornejas el superno vuelo;

en un solo momento s'ajuntaba
una gran muchedumbre presurosa
a socorrer la que en el suelo estaba. 280

Cercábanla, y alguna, más piadosa
del mal ajeno de la compañera

259 *s'empieza*: se deriva
262 "no le enseñó a escaparse"
263 *ligero*: fácil
271 *seguiase*: se conseguía
274 *a contemplar*: puesta a contemplar, contemplando
277 *superno*: altísimo

que del suyo avisada o temerosa,
   llegábase muy cerca, y la primera
qu'esto hacia pagaba su inocencia   285
con prisión o con muerte lastimera:
   con tal fuerza la presa, y tal violencia,
s'engarrafaba de la que venía
que no se dispidiera sin licencia.

   Ya puedes ver cuán gran placer sería   290
ver, d'una por soltarse y desasirse,
d'otra por socorrerse, la porfía;
   al fin la fiera lucha a despartirse
venia por nuestra mano, y la cuitada
del bien hecho empezaba a arrepentirse.   295

   ¿Qué me dirás si con su mano alzada,
haciendo la noturna centinela,
la grulla de nosotros fue engañada?

   No aprovechaba al ánsar la cautela
ni ser siempre sagaz discubridora   300
de noturnos engaños con su vela,
   ni al blanco cisne qu'en las aguas mora
por no morir como Faetón en fuego,
del cual el triste caso canta y llora.

   Y tú, perdiz cuitada, ¿piensas luego   305
que en huyendo del techo estás segura?
En el campo turbamos tu sosiego.

   A ningún ave o animal natura
dotó de tanta astucia que no fuese
vencido al fin de nuestra astucia pura.   310
   Si por menudo de contar t'hobiese
d'aquesta vida cada partecilla,
temo que antes del fin anocheciese;

288   *engarrafaba*: agarraba
295   *del bien hecho*: del bien que había hecho
302-304   El rey de Liguria se convirtió en cisne llorando la muerte
        de Faetón, su primo.
305-306   Según Ovidio, la perdiz inventó la sierra, y por envidia
        Dédalo la echó de una torre abajo; desde entonces las
        perdices, por miedo de la caída, huyen de los techos y
        hacen nido en el suelo.

　　basta saber que aquesta tan sencilla
y tan pura amistad quiso mi hado   315
en diferente especie convertilla,
　　en un amor tan fuerte y tan sobrado
y en un desasosiego no creíble
tal que no me conosco de trocado.
　　El placer de miralla con terrible   320
y fiero desear sentí mesclarse,
que siempre me llevaba a lo imposible;
　　la pena de su ausencia vi mudarse,
no en pena, no en congoja, en cruda muerte
y en un eterno el alma atormentarse.   325
　　A aqueste 'stado, en fin, mi dura suerte
me trujo poco a poco, y no pensara
que contra mí pudiera ser más fuerte
　　si con mi grave daño no probara
que en comparación d'ésta, aquella vida   330
cualquiera por descanso la juzgara.
　　Ser debe aquesta historia aborrecida
de tus orejas, ya que así atormenta
mi lengua y mi memoria entristecida;
　　decir ya más no es bien que se consienta. 335
Junto todo mi bien perdí en un hora,
y ésta es la suma, en fin, d'aquesta cuenta.

SAL.　Albanio, si tu mal comunicaras
　　con otro que pensaras que tu pena
　　juzgaba como ajena, o qu'este fuego   340
　　nunca probó ni el juego peligroso
　　de que tú estás quejoso, yo confieso
　　que fuera bueno aqueso que ora haces;
　　mas si tú me deshaces con tus quejas,
　　¿por qué agora me dejas como a estraño,   345
　　sin dar daqueste daño fin al cuento?
　　¿Piensas que tu tormento como nuevo
　　escucho, y que no pruebo por mi suerte

325 "y en un eterno atormentarse del alma"
327 *trujo*: trajo
333 *orejas*: oídos

aquesta viva muerte　en las entrañas?
Si ni con todas mañas　o esperiencia　　　　　350
esta grave dolencia　se deshecha,
a lo menos aprovecha,　yo te digo,
para que de un amigo　que adolesca
otro se condolesca,　que ha llegado
de bien acuchillado　a ser maestro.　　　　　355
Así que, pues te muestro　abiertamente
que no estoy inocente　destos males,
que aun traigo las señales　de las llagas,
no es bien que tú te hagas　tan esquivo,
que mientras estás vivo,　ser podría　　　　　360
que por alguna vía　t'avisase,
o contigo llorase,　que no es malo
tener al pie del palo　quien se duela
del mal, y sin cautela　t'aconseje.

ALB.　Tú quieres que forceje　y que contraste　355... 365
con quien al fin no baste　a derrocalle.
Amor quiere que calle;　yo no puedo
mover el paso un dedo　sin gran mengua;
él tiene de mi lengua　el movimiento,
así que no me siento　ser bastante.　　　　　370

SAL.　¿Qué te pone delante　que t'empida
el descubrir tu vida　al que aliviarte
del mal alguna parte　cierto espera?

ALB.　Amor quiere que muera　sin reparo,
y conociendo claro　que bastaba　　　　　　375
lo que yo descansaba　en este llanto
contigo a que entretanto　m'aliviase
y aquel tiempo probase　a sostenerme,
por más presto perderme,　como injusto,
me ha ya quitado el gusto　que tenía　　　　380
de echar la pena mía　por la boca,

354-355　Alude al refrán, "No hay mejor cirujano que el bien
　　　　　acuchillado".
363　*palo*: horca
366　"con una persona a quien yo finalmente no pueda ven-
　　　cerle", es decir, con el dios del amor

así que ya no toca nada dello
a ti querer sabello, ni contallo
a quien solo pasallo le conviene,
y muerte sola por alivio tiene.   385

SAL.   ¿Quién es contra su ser tan inhumano
que el enimigo entrega su despojo
y pone su poder en otra mano?
    ¿Cómo, y no tienes algún hora enojo
de ver que amor tu misma lengua ataje   390
o la desate por su solo antojo?

ALB.   Salicio amigo, cese este lenguaje;
cierra tu boca y más aquí no la abras;
yo siento mi dolor, y tú mi ultraje.
    ¿Para qué son maníficas palabras?   395
¿Quién te hizo filósofo elocuente,
siendo pastor d'ovejas y de cabras?
    ¡Oh cuitado de mí, cuán fácilmente,
con espedida lengua y rigurosa,
el sano da consejos al doliente!   400

SAL.   No te aconsejo yo ni digo cosa
para que debas tú por ella darme
respuesta tan aceda y tan odiosa;
    ruégote que tu mal quieras contarme
porque d'él pueda tanto entristecerme   405
cuanto suelo del bien tuyo alegrarme.

ALB.   Pues ya de ti no puedo defenderme,
yo tornaré a mi cuento cuando hayas
prometido una gracia concederme,
    y es que en oyendo el fin, luego te vayas 410
y me dejes llorar mi desventura
entr'estos pinos solo y estas hayas.

SAL.   Aunque pedir tú eso no es cordura,
yo seré dulce más que sano amigo
y daré buen lugar a tu tristura.   415

395 *maníficas*: magníficas
399 *espedida*: expedida, desembarazada
403 *aceda*: ácida

ALB.   Ora, Salicio, escucha lo que digo,
y vos, ¡oh ninfas deste bosque umbroso!,
adoquiera que estáis, estad comigo.

Ya te conté el estado tan dichoso
adó me puso amor, si en él yo firme   420
pudiera sostenerme con reposo;

mas como de callar y d'encubrirme
d'aquélla por quien vivo m'encendía
llegué ya casi al punto de morirme,

mil veces ella preguntó qué había   425
y me rogó que el mal le descubriese
que mi rostro y color le descubría;

mas no acabó, con cuanto me dijiese,
que de mí a su pregunta otra respuesta
que un sospiro con lágrimas hubiese.   430

Aconteció que en un' ardiente siesta,
viniendo de la caza fatigados
en el mejor lugar desta floresta,

qu'es éste donde 'stamos asentados,
a la sombra d'un árbol aflojamos   435
las cuerdas a los arcos trabajados;

en aquel prado allí nos reclinamos,
y del Céfiro fresco recogiendo
el agradable espirtu, respiramos.

Las flores, a los ojos ofreciendo   440
diversidad estraña de pintura,
diversamente así estaban oliendo;

y en medio aquesta fuente clara y pura,
que como de cristal resplandecía,
mostrando abiertamente su hondura,   445

el arena, que d'oro parecía,
de blancas pedrezuelas varïada,
por do manaba el agua, se bullía.

En derredor, ni sola una pisada
de fiera o de pastor o de ganado   450

428   *acabó*: consiguió
436   *trabajados*: cansados
438   *céfiro*: viento suave
443   *en medio*: en medio de

a la sazón estaba señalada.
　　Después que con el agua resfrïado
hubimos el calor y juntamente
la sed de todo punto mitigado,
　　ella, que con cuidado diligente　　　　455
a conocer mi mal tenia el intento
y a escodriñar el ánimo doliente,
　　con nuevo ruego y firme juramento
me conjuró y rogó que le contase
la causa de mi grave pensamiento,　　　460
　　y si era amor, que no me recelase
de hacelle mi caso manifesto
y demostralle aquella que yo amase;
　　que me juraba que también en esto
el verdadero amor que me tenía　　　465
con pura voluntad estaba presto.
　　Yo, que tanto callar ya no podía
y claro descubrir menos osara
lo que en el alma triste se sentía,
　　le dije que en aquella fuente clara　　470
veria d'aquella que yo tanto amaba
abiertamente la hermosa cara;
　　ella, que ver aquésta deseaba,
con menos diligencia discurriendo
d'aquélla con qu'el paso apresuraba,　　475
　　a la pura fontana fue corriendo,
y en viendo el agua, toda fue alterada,
en ella su figura sola viendo;
　　y no de otra manera arrebatada
del agua rehuyó que si estuviera　　　480
de la rabiosa enfermedad tocada,
　　y sin mirarme, desdeñosa y fiera,
no sé qué allá entre dientes murmurando,
me dejó aquí, y aquí quiere que muera.

457　*escodriñar*: escudriñar, examinar
474-475　"pensando menos rápidamente de lo que marchaba"
481　*la rabiosa enfermedad*: la hidrofobia

Quedé yo triste y solo allí, culpando   485
mi temerario osar, mi desvarío,
la pérdida del bien considerando;
   creció de tal manera el dolor mío
y de mi loco error el desconsuelo
que hice de mis lágrimas un río.   490

Fijos los ojos en el alto cielo,
estuve boca arriba una gran pieza
tendido, sin mudarme en este suelo;
   y como d'un dolor otro s'empieza,
el largo llanto, el desvanecimiento,   495
el vano imaginar de la cabeza,
   de mi gran culpa aquel remordimiento,
verme del todo, al fin, sin esperanza
me trastornaron casi el sentimiento.

Cómo deste lugar hice mudanza   500
no sé, ni quién d'aquí me condujiese
al triste albergue y a mi pobre estanza;
   sé que tornando en mí, como estuviese
sin comer y dormir bien cuatro días
y sin que el cuerpo de un lugar moviese,   505
   las ya desmamparadas vacas mías
por otro tanto tiempo no gustaron
las verdes hierbas ni las aguas frías;
   los pequeños hijuelos, que hallaron
las tetas secas ya de las hambrientas   510
madres, bramando al cielo se quejaron;
   las selvas, a su voz también atentas,
bramando parece que respondían,
condolidas del daño y descontentas.

Aquestas cosas nada me movían;   515
antes, con mi llorar, hacía espantados
todos cuantos a verme allí venían.

Vinieron los pastores de ganados,
vinieron de los sotos los vaqueros
para ser de mi mal de mí informados;   520

492   *pieza*: rato
506   *desmamparadas*: desamparadas, abandonadas

y todos con los gestos lastimeros
me preguntaban cuáles habian sido
los acidentes de mi mal primeros;
      a los cuales, en tierra yo tendido,
ninguna otra respuesta dar sabía,   525
rompiendo con sollozos mi gemido,
      sino de rato en rato les decía:
"Vosotros, los de Tajo, en su ribera
cantaréis la mi muerte cada día;
      este descanso llevaré, aunque muera,   530
que cada día cantaréis mi muerte,
vosotros, los de Tajo, en su ribera".
      La quinta noche, en fin, mi cruda suerte,
queriéndome llevar do se rompiese
aquesta tela de la vida fuerte,   535
      hizo que de mi choza me saliese
por el silencio de la noche 'scura
a buscar un lugar donde muriese,
      y caminando por do mi ventura
y mis enfermos pies me condujeron,   540
llegué a un barranco de muy gran altura;
      luego mis ojos le reconocieron,
que pende sobre'l agua, y su cimiento
las ondas poco a poco le comieron.
      Al pie d'un olmo hice allí mi asiento,   545
y acuérdome que ya con ella estuve
pasando allí la siesta al fresco viento;
      en aquesta memoria me detuve
como si aquésta fuera medicina
de mi furor y cuanto mal sostuve.   550
      Denunciaba el aurora ya vecina
la venida del sol resplandeciente,
a quien la tierra, a quien la mar s'enclina;
      entonces, como cuando el cisne siente
el ansia postrimera que l'aqueja   555
y tienta el cuerpo mísero y doliente,

523 *acidentes*: síntomas

con triste y lamentable son se queja
y se despide con funesto canto
del espirtu vital que d'él s'aleja:

así aquejado yo de dolor tanto   560
que el alma abandonaba ya la humana
carne, solté la rienda al triste llanto:

"¡Oh fiera", dije, "más que tigre hircana
y más sorda a mis quejas qu'el rüido
embravecido de la mar insana,   565

heme entregado, heme aquí rendido,
he aquí que vences; toma los despojos
de un cuerpo miserable y afligido!

Yo porné fin del todo a mis enojos;
ya no te ofenderá mi rostro triste,   570
mi temerosa voz y húmidos ojos;

quizá tú, qu'en mi vida no moviste
el paso a consolarme en tal estado
ni tu dureza cruda enterneciste,

viendo mi cuerpo aquí desamparado,   575
vernás a arrepentirte y lastimarte,
mas tu socorro tarde habrá llegado.

¿Cómo pudiste tan presto olvidarte
d'aquel tan luengo amor, y de sus ciegos
ñudos en sola un hora desligarte?   580

¿No se te acuerda de los dulces juegos
ya de nuestra niñez, que fueron leña
destos dañosos y encendidos fuegos,

cuando la encina desta espesa breña
de sus bellotas dulces despojaba,   585
que íbamos a comer sobr'esta peña?

¿Quién las castañas tiernas derrocaba
del árbol, al subir dificultoso?
¿Quién en su limpia falda las llevaba?

¿Cuándo en valle florido, espeso, umbroso   590
metí jamás el pie que d'él no fuese

---

563   *tigre hircana*: Las tigres de Hircania eran proverbial-
      mente feroces.
569   *porné*: pondré

cargado a ti de flores y oloroso?

Jurábasme, si ausente yo estuviese,
que ni el agua sabor ni olor la rosa
ni el prado hierba para ti tuviese.   595

¿A quién me quejo?, que no escucha cosa
de cuantas digo quien debria escucharme.
Eco sola me muestra ser piadosa;

respondiéndome, prueba conhortarme
como quien probó mal tan importuno,   600
mas no quiere mostrarse y consolarme.

¡Oh dioses, si allá juntos de consuno,
de los amantes el cuidado os toca;
o tú solo, si toca a solo uno!,

recebid las palabras que la boca   605
echa con la doliente ánima fuera,
antes qu'el cuerpo torne en tierra poca.

¡Oh náyades, d'aquesta mi ribera
corriente moradoras; oh napeas,
guarda del verde bosque verdadera!,   610

alce una de vosotras, blancas deas,
del agua su cabeza rubia un poco,
así, ninfa, jamás en tal te veas;

podré decir que con mis quejas toco
las divinas orejas, no pudiendo   615
las humanas tocar, cuerdo ni loco.

¡Oh hermosas oreadas que, teniendo
el gobierno de selvas y montañas,
a caza andáis, por ellas discurriendo!,

dejad de perseguir las alimañas,   620
venid a ver un hombre perseguido,
a quien no valen fuerzas ya ni mañas.

598-601 La ninfa Eco, desesperadamente enamorada de Narciso,
         fue convertida en una mera voz incorpórea, incapaz de
         iniciar conversación.
    599 *conhortar*: confortar
    608 *náyades*: ninfas, así como lo son también las napeas
         (v. 609), las oreadas (v. 617) y las dríadas (v. 623), de
         los ríos, de las colinas, de los montes y de los bosques,
         respectivamente.
    611 *deas*: diosas

¡Oh dríadas, d'amor hermoso nido,
dulces y graciosísimas doncellas
que a la tarde salís de lo ascondido,   625
  con los cabellos rubios que las bellas
espaldas dejan d'oro cubijadas!,
parad mientes un rato a mis querellas,
  y si con mi ventura conjuradas
no estáis, haced que sean las ocasiones   630
de mi muerte aquí siempre celebradas.
  ¡Oh lobos, oh osos, que por los rincones
destas fieras cavernas ascondidos
estáis oyendo agora mis razones!,
  quedaos a Dios, que ya vuestros oídos   635
de mi zampoña fueron halagados
y alguna vez d'amor enternecidos.
  Adiós, montañas; adiós, verdes prados;
adiós, corrientes ríos espumosos:
vivid sin mí con siglos prolongados,   640
  y mientras en el curso presurosos
iréis al mar a dalle su tributo,
corriendo por los valles pedregosos,
  haced que aquí se muestre triste luto
por quien, viviendo alegre, os alegraba   645
con agradable son y viso enjuto,
  por quien aquí sus vacas abrevaba,
por quien, ramos de lauro entretejiendo,
aquí sus fuertes toros coronaba".
  Estas palabras tales en diciendo,   650
en pie m'alcé por dar ya fin al duro
dolor que en vida estaba padeciendo,
  y por el paso en que me ves te juro
que ya me iba a arrojar de do te cuento,
con paso largo y corazón seguro,   655
  cuando una fuerza súbita de viento
vino con tal furor que d'una sierra

---

625 *ascondido*: escondido
627 *cubijadas*: cubiertas
646 *viso enjuto*: cara seca, sin lágrimas

pudiera remover el firme asiento.

De espaldas, como atónito, en la tierra
desde ha gran rato me hallé tendido,   660
que así se halla siempre aquel que yerra.

Con más sano discurso en mi sentido
comencé de culpar el presupuesto
y temerario error que había seguido

en querer dar, con triste muerte, al resto   665
d'aquesta breve vida fin amargo,
no siendo por los hados aun dispuesto.

D'allí me fui con corazón más largo
para esperar la muerte cuando venga
a relevarme deste grave cargo.   670

Bien has ya visto cuánto me convenga,
que pues buscalla a mí no se consiente,
ella en buscarme a mí no se detenga.

Contado t'he la causa, el acidente,
el daño y el proceso todo entero;   675
cúmpleme tu promesa prestamente,

y si mi amigo cierto y verdadero
eres, como yo pienso, vete agora;
no estorbes con dolor acerbo y fiero
al afligido y triste cuando llora.   680

SAL.   Tratara de una parte
que agora sólo siento,
si no pensaras que era dar consuelo:
quisiera preguntarte
cómo tu pensamiento   685
se derribó tan presto en ese suelo,
o se cobrió de un velo,

663   *comencé de*: comencé a
      presupuesto: designio
668   *largo*: dilatado, relajado, despreocupado
671-673 Es decir, que ahora puedes entender por qué me importa
         tanto, ya que yo no puedo ir a buscarla a ella, que ella
         se apresure a venir a buscarme a mí.
681-682 "Yo trataría de un aspecto que tan sólo ahora se me
         ocurre".

para que no mirase
que quien tan luengamente
amó, no se consiente   690
que tan presto del todo t'olvidase.
    ¿Qué sabes si ella agora
juntamente su mal y el tuyo llora?

ALB.   Cese ya el artificio
de la maestra mano;   695
no me hagas pasar tan grave pena.
    Harásme tú, Salicio,
ir do nunca pie humano
estampó su pisada en el arena.
    Ella está tan ajena   700
d'estar desa manera
como tú de pensallo,
aunque quieres mostrallo
con razón aparente a verdadera;
    ejercita aquí el arte   705
a solas, que yo voyme en otra parte.

SAL.   No es tiempo de curalle
hasta que menos tema
la cura del maestro y su crüeza;
    solo quiero dejalle,   710
que aun está la postema
intratable, a mi ver, por su dureza;
    quebrante la braveza
del pecho empedernido
con largo y tierno llanto.   715
    Iréme yo entretanto
a requirir d'un ruiseñor el nido,
    que está en un alta encina
y estará presto en manos de Gravina.

----

  690   *no se consiente*: no es posible
  692   *¿Qué sabes si...?*: ¿Cómo sabes que no...?
694-695   "Déjese ya el arte del cirujano (maestro)".
703-704   "aunque pretendes demostrarlo con razones que parezcan
          verdaderas"
  709   *maestro*: cirujano

CAM. Si desta tierra no he perdido el tino,   720
     por aquí el corzo vino que ha traído,
     después que fue herido, atrás el viento.
     ¡Qué recio movimiento en la corrida
     lleva, de tal herida lastimado!
     En el siniestro lado soterrada,   725
     la flecha enherbolada iba mostrando,
     las plumas blanqueando solas fuera,
     y háceme que muera con buscalle.
     No paso deste valle; aquí está cierto,
     y por ventura muerto. ¡Quién me diese   730
     alguno que siguiese el rastro agora,
     mientras la herviente hora de la siesta
     en aquesta floresta yo descanso!
     ¡Ay, viento fresco y manso y amoroso,
     almo, dulce, sabroso!, esfuerza, esfuerza   735
     tu soplo, y esta fuerza tan caliente
     del alto sol ardiente ora quebranta,
     que ya la tierna planta del pie mío
     anda a buscar el frío desta hierba.
     A los hombres reserva tú, Dïana,   740
     en esta siesta insana, tu ejercicio;
     por agora tu oficio desamparo,
     que me ha costado caro en este día.
     ¡Ay dulce fuente mía, y de cuán alto
     con solo un sobresalto m'arrojaste!   745
     ¿Sabes que me quitaste, fuente clara,
     los ojos de la cara?, que no quiero
     menos un compañero que yo amaba,
     mas no como él pensaba. ¡Dios ya quiera
     que antes Camila muera que padezca   750
     culpa por do merezca ser echada
     de la selva sagrada de Dïana!
     ¡Oh cuán de mala gana mi memoria
     renueva aquesta historia! Mas la culpa

732 *herviente*: ferviente
752 *Dïana*: diosa de la castidad, a quien estaba dedicada
     Camila

ajena me desculpa, que si fuera   755
yo la causa primera desta ausencia,
yo diera la sentencia en mi contrario;
él fue muy voluntario y sin respeto.
Mas ¿para qué me meto en esta cuenta?
Quiero vivir contenta y olvidallo   760
y aquí donde me hallo recrearme;
aquí quiero acostarme, y en cayendo
la siesta, iré siguiendo mi corcillo,
que yo me maravillo ya y m'espanto
cómo con tal herida huyó tanto.   765

ALB.   Si mi turbada vista no me miente,
paréceme que vi entre rama y rama
una ninfa llegar a aquella fuente.

Quiero llegar allá: quizá si ella ama,
me dirá alguna cosa con que engañe,   770
con algún falso alivio, aquesta llama.

Y no se me da nada que desbañe
mi alma si es contrario a lo que creo,
que a quien no espera bien, no hay mal que dañe.

¡Oh santos dioses!, ¿qué's esto que veo?   775
¿Es error de fantasma convertida
en forma de mi amor y mi deseo?

Camila es ésta que está aquí dormida;
no puede d'otra ser su hermosura.
La razón está clara y conocida: 780

una obra sola quiso la natura
hacer como ésta, y rompió luego apriesa
la estampa do fue hecha tal figura;

¿quién podrá luego de su forma espresa
el traslado sacar, si la maestra   785
misma no basta, y ella lo confiesa?

Mas ya qu'es cierto el bien que a mí se muestra,

757 "yo me condenaría a mí misma"
758 *voluntario*: voluntarioso, violento
772 *desbañe*: se aflija, según Tamayo
783 *estampa*: molde, forma
785 *maestra*: naturaleza

¿cómo podré llegar a despertalla,
temiendo yo la luz que a ella me adiestra?

Si solamente de poder tocalla   790
perdiese el miedo yo... Mas ¿si despierta?
Si despierta, tenella y no soltalla.

Esta osadía temo que no es cierta.
¿Qué me puede hacer? Quiero llegarme;
en fin, ella está agora como muerta.   795

Cabe ella por lo menos asentarme
bien puedo, mas no ya como solía...
¡Oh mano poderosa de matarme!,
    ¿viste cuánto tu fuerza en mí podía?
¿Por qué para sanarme no la pruebas?,   800
que su poder a todo bastaría.

CAM.   ¡Socórreme, Dïana!

ALB.   ¡No te muevas,
que no t'he de soltar; escucha un poco!

CAM.   ¿Quién me dijera, Albanio, tales nuevas?
    ¡Ninfas del verde bosque, a vos invoco;   805
a vos pido socorro desta fuerza!
¿Qué es esto, Albanio? Dime si estás loco.

ALB.   Locura debe ser la que me fuerza
a querer más qu'el alma y que la vida
a la que aborrecerme a mí se 'sfuerza.   810

CAM.   Yo debo ser de ti l'aborrecida,
pues me quieres tratar de tal manera,
siendo tuya la culpa conocida.

ALB.   ¿Yo culpa contra ti? ¡Si la primera
no está por cometer, Camila mía,   815
en tu desgracia y disfavor yo muera!

CAM.   ¿Tú no violaste nuestra compañía,
quiriéndola torcer por el camino
que de la vida honesta se desvía?

ALB.   ¿Cómo, de sola una hora el desatino   820
ha de perder mil años de servicio,

---

796 *cabe ella*: al lado de ella
798 *poderosa*: capaz
815 *no está por cometer*: aún no ha sido cometida

si el arrepentimiento tras él vino?

CAM.   Aquéste es de los hombres el oficio:
tentar el mal, y si es malo el suceso,
pedir con humildad perdón del vicio.   825

ALB.   ¿Qué tenté yo, Camila?

CAM.   ¡Bueno es eso!
Esta fuente lo diga, que ha quedado
por un testigo de tu mal proceso.

ALB.   Si puede ser mi yerro castigado
con muerte, con deshonra o con tormento,   830
vesme aquí; estoy a todo aparejado.

CAM.   Suéltame ya la mano, que el aliento
me falta de congoja.

ALB.   He muy gran miedo
que te me irás, que corres más qu'el viento.

CAM.   No estoy como solía, que no puedo   835
moverme ya, de mal ejercitada;
suelta, que casi m'has quebrado un dedo.

ALB.   ¿Estarás, si te suelto, sosegada,
mientras con razón clara te demuestro
que fuiste sin razón de mí enojada?   840

CAM.   ¡Eres tú de razones gran maestro!
Suelta, que sí estaré.

ALB.   Primero jura
por la primera fe del amor nuestro.

CAM.   Yo juro por la ley sincera y pura
del amistad pasada de sentarme   845
y de 'scuchar tus quejas muy segura.
¡Cuál me tienes la mano d'apretarme
con esa dura mano, descreído!

ALB.   ¡Cuál me tienes el alma de dejarme!

CAM.   ¡Mi prendedero d'oro, si es perdido!   850
¡Oh cuitada de mí, mi prendedero
desde aquel valle aquí se m'ha caído!

---

828 *proceso:* procedimiento
847 "¡Qué dolorida me tienes la mano apretándome...!" Véase
la sintaxis paralela del v. 849.
850 *prendedero:* broche

ALB.   Mira no se cayese allá primero,
        antes d'aquéste, al valle de la Hortiga.
CAM.   Doquier que se perdió, buscalle quiero.   855
ALB.   Yo iré a buscalle; escusa esta fatiga,
        que no puedo sufrir que aquesta arena
        abrase el blanco pie de mi enemiga.
CAM.   Pues ya quieres tomar por mí esta pena,
        derecho ve primero a aquellas hayas,   860
        que allí estuve yo echada un' hora buena.
ALB.   Yo voy, mas entretanto no te vayas.
CAM.   Seguro ve, ¡que antes verás mi muerte
        que tú me cobres ni a tus manos hayas!
ALB.   ¡Ah, ninfa desleal!, ¿y desa suerte   865
        se guarda el juramento que me diste?
        ¡Ah, condición de vida dura y fuerte!
           ¡Oh falso amor, de nuevo me hiciste
        revivir con un poco d'esperanza!
        ¡Oh modo de matar nojoso y triste!   870
           ¡Oh muerte llena de mortal tardanza,
        podré por ti llamar injusto el cielo,
        injusta su medida y su balanza!
           Recibe tú, terreno y duro suelo,
        este rebelde cuerpo que detiene   875
        del alma el espedido y presto vuelo;
           yo me daré la muerte, y aun si viene
        alguno a resistirme... ¿a resistirme?:
        ¡él verá que a su vida no conviene!
           ¿No puedo yo morir, no puedo irme   880
        por aquí, por allí, por do quisiere,
        desnudo espirtu o carne y hueso firme?
SAL.   Escucha, que algún mal hacerse quiere.
        ¡Oh, cierto tiene trastornado el seso!
ALB.   ¡Aquí tuviese yo quien mal me quiere!   885
           Descargado me siento d'un gran peso;
        paréceme que vuelo, despreciando

854 *valle de la Hortiga*: topónimo no identificado
864 "antes que vuelvas a tenerme en tus manos"
870 *nojoso*: enojoso, penoso

monte, choza, ganado, leche y queso.—
  ¿No son aquéstos pies? Con ellos ando.
Ya caigo en ello: el cuerpo se m'ha ido;   890
sólo el espirtu es este que ora mando.
  ¿Hale hurtado alguno o escondido
mientras mirando estaba yo otra cosa?
¿O si quedó por caso allí dormido?
  Una figura de color de rosa   895
estaba allí durmiendo: ¿si es aquélla
mi cuerpo? No, que aquélla es muy hermosa.

NEM.   ¡Gentil cabeza! No daria por ella
yo para mi traer solo un cornado.
ALB.   ¿A quién iré del hurto a dar querella?   900
SAL.   Estraño enjemplo es ver en qué ha parado
este gentil mancebo, Nemoroso,
ya a nosotros, que l'hemos más tratado,
  manso, cuerdo, agradable, virtüoso,
sufrido, conversable, buen amigo,   905
y con un alto ingenio, gran reposo.
ALB.   ¡Yo podré poco o hallaré testigo
de quién hurtó mi cuerpo! Aunque esté ausente,
yo le perseguiré como a enemigo.
  ¿Sabrásme decir d'él, mi clara fuente?   910
Dímelo, si lo sabes: así Febo
nunca tus frescas ondas escaliente.
  Allá dentro en el fondo está un mancebo,
de laurel coronado y en la mano
un palo, propio como yo, d'acebo.   915
  ¡Hola! ¿quién está 'llá? Responde, hermano.
¡Válasme, Dios!, o tú eres sordo o mudo,
o enemigo mortal del trato humano.
  Espirtu soy, de carne ya desnudo,

894   *por caso*: por acaso
899   *cornado*: moneda de poco valor
903   *ya*: antes
905   *conversable*: tratable, asociable
911   *Febo*: el sol
912   *escaliente*: caliente
915   *propio*: lo mismo
917   *válasme*: válgasme, valme

que busco el cuerpo mío, que m'ha hurtado   920
algún ladrón malvado, injusto y crudo.
    Callar que callarás. ¿Hasme 'scuchado?
¡Oh santo Dios!, mi cuerpo mismo veo,
o yo tengo el sentido trastornado.
    ¡Oh cuerpo, hete hallado y no lo creo!   925
¡Tanto sin ti me hallo descontento,
pon fin ya a tu destierro y mi deseo!

NEM.   Sospecho qu'el contino pensamiento
que tuvo de morir antes d'agora
le representa aqueste apartamiento.   930

SAL.   Como del que velando siempre llora,
quedan, durmiendo, las especies llenas
del dolor que en el alma triste mora.

ALB. Si no estás en cadenas, sal ya fuera
a darme verdadera forma d'hombre,   935
que agora solo el nombre m'ha quedado;
y si allá estás forzado en ese suelo,
dímelo, que si al cielo que me oyere
con quejas no moviere y llanto tierno,
convocaré el infierno y reino escuro   940
y rompiré su muro de diamante,
como hizo el amante blandamente
por la consorte ausente que cantando
estuvo halagando las culebras
de las hermanas negras, mal peinadas.   945

NEM. ¡De cuán desvariadas opiniones
saca buenas razones el cuitado!

SAL. El curso acostumbrado del ingenio,
aunque le falte el genio que lo mueva,
con la fuga que lleva corre un poco,   950
y aunque éste está ora loco, no por eso
ha de dar al travieso su sentido,

<hr>

922   *callar que callarás*: ¡Cómo sigues callado!
930   *representa*: hace imaginar
932   *las especies*: la imaginación
937   *forzado*: sujetado
942-945 Se refiere al mito de Orfeo y Eurídice.
952   *dar al travieso*: torcer del todo

    en todo habiendo sido cual tú sabes.

NEM. No más, no me le alabes, que por cierto
    como de velle muerto estoy llorando.   955

ALB. Estaba contemplando qué tormento
    es deste apartamiento lo que pienso.
    No nos aparta imenso mar airado,
    no torres de fosado rodeadas,
    no montañas cerradas y sin vía,   960
    no ajena compañía dulce y cara:
    un poco d'agua clara nos detiene.
    Por ella no conviene lo que entramos
    con ansia deseamos, porque al punto
    que a ti me acerco y junto, no te apartas; 965
    antes nunca te hartas de mirarme
    y de sinificarme en tu meneo
    que tienes gran deseo de juntarte
    con esta media parte. Daca, hermano,
    écham' acá esa mano, y como buenos   970
    amigos a lo menos nos juntemos
    y aquí nos abracemos. ¡Ah, burlaste!
    ¿Así te me 'scapaste? Yo te digo
    que no es obra d'amigo hacer eso;
    quedo yo, don travieso, remojado,   975
    ¿y tú estás enojado? ¡Cuán apriesa
    mueves —¿qué cosa es esa?— tu figura!
    ¿Aun esa desventura me quedaba?
    Ya yo me consolaba en ver serena
    tu imagen, y tan buena y amorosa;   980
    no hay bien ni alegre cosa ya que dure.

NEM. A lo menos, que cure tu cabeza.

SAL. Salgamos, que ya empieza un furor nuevo,

ALB. ¡Oh Dios! ¿por qué no pruebo a echarme
                              [dentro
    hasta llegar al centro de la fuente?   985

     959 *fosado*: foso
     963 *entramos*: entrambos, los dos
     967 *sinificarme*: darme a entender
     969 *daca*: dame acá

SAL. ¿Qué's esto, Albanio? ¡Tente!

ALB.   ¡Oh manifesto
ladrón!, mas ¿qué's aquesto?   ¡Es muy bueno
vestiros de lo ajeno   y ante'l dueño,
como si fuese un leño   sin sentido,
venir muy revestido   de mi carne!   990
¡Yo haré que descarne   esa alma osada
aquesta mano airada!

SAL.   ¡Está quedo!
¡Llega tú, que no puedo   detenelle!

NEM. Pues ¿qué quieres hacelle?

SAL.   ¿Yo? Dejalle,
si desenclavijalle   yo acabase   995
la mano, a que escapase   mi garganta.

NEM. No tiene fuerza tanta;   solo puedes
hacer tú lo que debes   a quien eres.

SAL. ¡Qué tiempo de placeres   y de burlas!
¿Con la vida te burlas,   Nemoroso?   1000
¡Ven, ya no 'stés donoso!

NEM.   Luego vengo;
en cuanto me detengo   aquí un poco,
veré cómo de un loco   te desatas.

SAL. ¡Ay, paso, que me matas!

ALB.   ¡Aunque mueras!

NEM. ¡Ya aquello va de veras! ¡Suelta, loco!   1005

ALB. Déjame 'star un poco,   que ya acabo.

NEM. ¡Suelta ya!

ALB.   ¿Qué te hago?

NEM.   ¡A mí, no nada!

ALB. Pues vete tu jornada,   y no entiendas
en aquestas contiendas.

SAL.   ¡Ah, furioso!
Afierra, Nemoroso,   y tenle fuerte.   1010
¡Yo te daré la muerte,   don perdido!

---

992 *está quedo*: estate quieto
998 "vencerle honradamente"
1003 *paso*: despacio

Ténmele tú tendido   mientras l'ato.
Probemos así un rato   a castigalle;
quizá con espantalle   habrá algún miedo.

ALB. Señores, si 'stoy quedo,   ¿dejarésme?   1015
SAL. ¡No!
ALB.   Pues ¿qué, matarésme?
SAL.   ¡Sí!
ALB.   ¿Sin falta?
Mira cuánto más alta   aquella sierra
está que la otra tierra.
NEM.   Bueno es esto;
él olvidará presto   la braveza.
SAL. ¡Calla, que así s'aveza   a tener seso!   1020
ALB. ¿Cómo, azotado y preso?
SAL.   ¡Calla, escucha!
ALB. Negra fue aquella lucha   que contigo
hice, que tal castigo   dan tus manos.
¿No éramos como hermanos   de primero?
NEM. Albanio, compañero,   calla agora   1025
y duerme aquí algún hora,   y no te muevas.
ALB. ¿Sabes algunas nuevas   de mí?
SAL.   ¡Loco!
ALB. Paso, que duermo un poco.
SAL.   ¿Duermes cierto?
ALB. ¿No me ves como un muerto?   Pues ¿qué
                                        [hago?
SAL. Éste te dará el pago,   si despiertas,   1030
en esas carnes muertas,   te prometo.

NEM. Algo 'stá más quieto   y reposado
que hasta 'quí. ¿Qué dices tú, Salicio?
¿Parécete que puede ser curado?
SAL. En procurar cualquiera beneficio   1035
a la vida y salud d'un tal amigo,
haremos el debido y justo oficio.
NEM. Escucha, pues, un poco lo que digo;

1015 *dejarésme*: me dejaréis
1020 *s'aveza*: se aprende

contarte he una 'straña y nueva cosa
de que yo fui la parte y el testigo.   1040

En la ribera verde y deleitosa
del sacro Tormes, dulce y claro río,
hay una vega grande y espaciosa,

verde en el medio del invierno frío,
en el otoño verde y primavera,   1045
verde en la fuerza del ardiente estío.

Levántase al fin della una ladera,
con proporción graciosa en el altura,
que sojuzga la vega y la ribera;

allí está sobrepuesta la espesura   1050
de las hermosas torres, levantadas
al cielo con estraña hermosura,

no tanto por la fábrica estimadas,
aunque 'straña labor allí se vea,
cuanto por sus señores ensalzadas.   1055

Allí se halla lo que se desea:
virtud, linaje, haber y todo cuanto
bien de natura o de fortuna sea.

Un hombre mora allí de ingenio tanto
que toda la ribera adonde él vino   1060
nunca se harta d'escuchar su canto.

Nacido fue en el campo placentino,
que con estrago y destrución romana
en el antiguo tiempo fue sanguino,

y en éste con la propia la inhumana   1065
furia infernal, por otro nombre guerra,
le tiñe, le rüina y le profana;

1041 Aquí empieza la descripción de Alba de Tormes, identi-
     ficada por fin en el v. 1072; era la sede familiar del
     duque.
1059 Aquí empieza la descripción de Severo, nombrado en el
     v. 1073. Este sabio mago es el trasunto poético de un
     fraile italiano, fray Severo Varini (1470-1548), preceptor
     del joven D. Fernando de Toledo, futuro duque de Alba,
     a cuya carrera se dedica esta segunda mitad de la égloga.
1062 *campo placentino*: Lombardía, donde nació fray Severo.
1065 *la propia*: la propia sangre

él, viendo aquesto, abandonó su tierra,
por ser más del reposo compañero
que de la patria, que el furor atierra.   1070

Llevóle a aquella parte el buen agüero
d'aquella tierra d'Alba tan nombrada,
que éste's el nombre della, y d'él Severo.

A aquéste Febo no le 'scondió nada,
antes de piedras, hierbas y animales   1075
diz que le fue noticia entera dada.

Éste, cuando le place, a los caudales
ríos el curso presuroso enfrena
con fuerza de palabras y señales;

la negra tempestad en muy serena   1080
y clara luz convierte, y aquel día,
si quiere revolvelle, el mundo atruena;

la luna d'allá arriba bajaría
si al son de las palabras no impidiese
el son del carro que la mueve y guía.   1085

Temo que si decirte presumiese
de su saber la fuerza con loores,
que en lugar d'alaballe l'ofendiese.

Mas no te callaré que los amores
con un tan eficaz remedio cura   1090
cual se conviene a tristes amadores;

en un punto remueve la tristura,
convierte'n odio aquel amor insano,
y restituye'l alma a su natura.

No te sabré dicir, Salicio hermano,   1095
la orden de mi cura y la manera,
mas sé que me partí d'él libre y sano.

Acuérdaseme bien que en la ribera
de Tormes le hallé solo, cantando
tan dulce que una piedra enterneciera.   1100

1076 *diz*: se dice
1085 Se suponía que la luna se trasladaba por su órbita en
      un carro, y que el ruido que hacía éste impedía que
      le llegaran las palabras mágicas de Severo.
1092 *punto*: momento

Como cerca me vido, adevinando
la causa y la razón de mi venida,
suspenso un rato 'stuvo así callando,

y luego con voz clara y espedida
soltó la rienda al verso numeroso   1105
en alabanzas de la libre vida.

Yo estaba embebecido y vergonzoso,
atento al son y viéndome del todo
fuera de libertad y de reposo.

No sé decir sino que'n fin de modo   1110
aplicó a mi dolor la medicina
qu'el mal desarraigó de todo en todo.

Quedé yo entonces como quien camina
de noche por caminos enriscados,
sin ver dónde la senda o paso inclina;   1115

mas, venida la luz y contemplados,
del peligro pasado nace un miedo
que deja los cabellos erizados:

así estaba mirando, atento y quedo,
aquel peligro yo que atrás dejaba,   1120
que nunca sin temor pensallo puedo.

Tras esto luego se me presentaba,
sin antojos delante, la vileza
de lo que antes ardiendo deseaba.

Así curó mi mal, con tal destreza,   1125
el sabio viejo, como t'he contado,
que volvió el alma a su naturaleza
y soltó el corazón aherrojado.

SAL. ¡Oh gran saber, oh viejo frutüoso,
qu'el perdido reposo al alma vuelve,   1130
y lo que la revuelve y lleva a tierra
del corazón destierra encontinente!
Con esto solamente que contaste,
así le reputaste acá comigo

1110-1112 *de modo... que*: correlativos
   1132 *encontinente*: incontinenti, en seguida

que sin otro testigo a desealle   1135
ver presente y hablalle me levantas.

NEM. ¿Desto poco te 'spantas tú, Salicio?
De más te daré indicio manifesto,
si no te soy molesto y enojoso.

SAL. ¿Qué's esto, Nemoroso, y qué cosa   1140
puede ser tan sabrosa en otra parte
a mí como escucharte? No la siento,
cuanto más este cuento de Severo;
dímelo por entero, por tu vida,
pues no hay quien nos impida ni embarace.   1145
Nuestro ganado pace, el viento espira,
Filomena sospira en dulce canto
y en amoroso llanto s'amancilla;
gime la tortolilla sobre'l olmo,
preséntanos a colmo el prado flores   1150
y esmalta en mil colores su verdura;
la fuente clara y pura, murmurando,
nos está convidando a dulce trato.

NEM. Escucha, pues, un rato, y diré cosas
estrañas y espantosas poco a poco.   1155
Ninfas, a vos invoco; verdes faunos,
sátiros y silvanos, soltá todos
mi lengua en dulces modos y sotiles,
que ni los pastoriles ni el avena
ni la zampoña suena como quiero.   1160
Este nuestro Severo pudo tanto
con el süave canto y dulce lira
que, revueltos en ira y torbellino,
en medio del camino se pararon
los vientos y escucharon muy atentos   1165
la voz y los acentos, muy bastantes
a que los repugnantes y contrarios

1142 *siento*: conozco
1148 *s'amancilla*: se lamenta
1159 *los pastoriles*: los modos, o melodías, pastoriles, que se
        asociaban con la flauta de avena y la zampoña

hiciesen voluntarios y conformes.
A aquéste el viejo Tormes, como a hijo,
le metió al escondrijo de su fuente,   1170
de do va su corriente comenzada ;
mostróle una labrada y cristalina
urna donde él reclina el diestro lado,
y en ella vio entallado y esculpido
lo que, antes d'haber sido, el sacro viejo   1175
por devino consejo puso en arte,
labrando a cada parte las estrañas
virtudes y hazañas de los hombres
que con sus claros nombres ilustraron
cuanto señorearon de aquel río.   1180
Estaba con un brío desdeñoso,
con pecho corajoso, aquel valiente
que contra un rey potente y de gran seso,
qu'el viejo padre preso le tenía,
cruda guerra movía despertando   1185
su ilustre y claro bando al ejercicio
d'aquel piadoso oficio. A aquéste junto
la gran labor al punto señalaba
al hijo que mostraba acá en la tierra
ser otro Marte en guerra, en corte Febo;   1190
mostrábase mancebo en las señales
del rostro, qu'eran tales que 'speranza
y cierta confianza claro daban,
a cuantos le miraban, qu'él sería
en quien se informaría un ser divino.   1195

1175 *el sacro viejo*: el río Tormes, personificado
1181-1266 Estos versos evocan las hazañas de los antecesores del
     tercer duque de Alba, D. Fernando de Toledo. En este
     prólogo se alude primero (v. 1181-1187) al primer duque,
     D. García de Toledo, que se rebeló contra el rey D.
     Juan II, quien tenía preso a su padre.
1187 A partir de este verso se trata de D. Fadrique de To-
     ledo, segundo duque de Alba, quien primero militó en
     Granada contra los moros (v. 1196-1200) y luego en Na-
     varra contra los franceses (v. 1201-1203), sitiando por
     fin la ciudad de Pamplona (v. 1204-1214).
1193 *claro*: claramente

Al campo sarracino en tiernos años
daba con graves daños a sentillo,
que como fue caudillo del cristiano,
ejercitó la mano y el maduro
seso y aquel seguro y firme pecho.   1200
En otra parte, hecho ya más hombre,
con más ilustre nombre, los arneses
del los fieros franceses abollaba.
Junto, tras esto, estaba figurado
con el arnés manchado de otra sangre,   1205
sosteniendo la hambre en el asedio,
siendo él solo el remedio del combate,
que con fiero rebate y con rüido
por el muro batido l'ofrecían;
tantos al fin morían por su espada,   1210
a tantos la jornada puso espanto,
que no hay labor que tanto notifique
cuanto el fiero Fadrique de Toledo
puso terror y miedo al enemigo.
Tras aqueste que digo se veía   1215
el hijo don García, qu'en el mundo
sin par y sin segundo solo fuera
si hijo no tuviera. ¿Quién mirara
de su hermosa cara el rayo ardiente,
quién su replandeciente y clara vista,   1220
que no diera por lista su grandeza?
Estaban de crüeza fiera armadas
las tres inicuas hadas, cruda guerra

1198   *del cristiano*: del campo cristiano
1211   *jornada*: expedición militar, sitio
1215   Este D. García había de morir antes de su padre, así
       que no heredó el título de duque, que pasó de su padre
       D. Fadrique a su hijo D. Fernando. Murió a los 23 años
       en la desastrosa expedición contra la isla africana de los
       Gelves. También en la Elegía I, v. 270-276, aparecen D.
       Fadrique y D. García, abuelo y padre del tercer duque
       y de D. Bernaldino de Toledo.
1222   *crüeza*: crueldad
1223-1225   *hadas*: las Parcas, figuras mitológicas que controlaban
       la vida y muerte humanas. Hacen guerra a la tierra
       quitándole al hombre que la había hecho dichosa na-
       ciendo.

haciendo allí a la tierra con quitalle
éste, qu'en alcanzalle fue dichosa.   1225
¡Oh patria lagrimosa, y cómo vuelves
los ojos a los Gelves, sospirando!
Él está ejercitando el duro oficio,
y con tal arteficio la pintura
mostraba su figura que dijeras,   1230
si pintado lo vieras, que hablaba.
El arena quemaba, el sol ardía,
la gente se caía medio muerta;
él solo con despierta vigilancia
dañaba la tardanza floja, inerte,   1235
y alababa la muerte glorïosa.
Luego la polvorosa muchedumbre,
gritando a su costumbre, le cercaba;
mas el que se llegaba al fiero mozo
llevaba, con destrozo y con tormento,   1240
del loco atrevimiento el justo pago.
Unos en bruto lago de su sangre,
cortado ya el estambre de la vida,
la cabeza partida revolcaban;
otros claro mostraban, espirando,   1245
de fuera palpitando las entrañas,
por las fieras y estrañas cuchilladas
d'aquella mano dadas. Mas el hado
acerbo, triste, airado fue venido,
y al fin él, confundido d'alboroto,   1250
atravesado y roto de mil hierros,
pidiendo de sus yerros venia al cielo,
puso en el duro suelo la hermosa
cara, como la rosa matutina,
cuando ya el sol declina al mediodía,   1255
que pierde su alegría y marchitando

1235 *dañaba*: criticaba
1252 Es decir, confesándose.
1254 Aquí empieza un símil extendido que se duplica en el
      v. 1258 y se concluye con el apóstrofe de los v. 1265-
      1266.

va la color mudando; o en el campo
cual queda el lirio blanco qu'el arado
crudamente cortado al pasar deja,
del cual aun no s'aleja presuroso   1260
aquel color hermoso o se destierra,
mas ya la madre tierra descuidada
no le administra nada de su aliento,
que era el sustentamiento y vigor suyo:
tal está el rostro tuyo en el arena,   1265
fresca rosa, azucena blanca y pura.
Tras ésta una pintura estraña tira
los ojos de quien mira y los detiene
tanto que no conviene mirar cosa
estraña ni hermosa sino aquélla.   1270
De vestidura bella allí vestidas
las gracias esculpidas se veían;
solamente traían un delgado
velo qu'el delicado cuerpo viste,
mas tal que no resiste a nuestra vista.   1275
Su diligencia en vista demostraban;
todas tres ayudaban en una hora
una muy gran señora que paría.
Un infante se vía ya nacido
tal cual jamás salido d'otro parto   1280
del primer siglo al cuarto vio la luna;
en la pequeña cuna se leía
un nombre que decía "don Fernando".
Bajaban, d'él hablando, de dos cumbres
aquellas nueve lumbres de la vida   1285
con ligera corrida, y con ellas,
cual luna con estrellas, el mancebo
intonso y rubio, Febo; y en llegando,
por orden abrazando todas fueron
al niño, que tuvieron luengamente.   1290

1281 *del primer siglo al cuarto*: desde la Creación hasta el
     nacimiento de Jesucristo
1283 *don Fernando*: el tercer duque de Alba (1507-1582)
1285 *lumbres*: musas
1290 *luengamente*: durante mucho tiempo

Visto como presente, d'otra parte
Mercurio estaba y Marte, cauto y fiero,
viendo el gran caballero que encogido
en el recién nacido cuerpo estaba.
Entonces lugar daba mesurado   1295
a Venus, que a su lado estaba puesta;
ella con mano presta y abundante
néctar sobre'l infante desparcía,
mas Febo la desvía d'aquel tierno
niño y daba el gobierno a sus hermanas;   1300
del cargo están ufanas todas nueve.
El tiempo el paso mueve; el niño crece
y en tierna edad florece y se levanta
como felice planta en buen terreno.
Ya sin precepto ajeno él daba tales   1305
de su ingenio señales que 'spantaban
a los que le crïaban; luego estaba
cómo una l'entregaba a un gran maestro
que con ingenio diestro y vida honesta
hiciese manifiesta al mundo y clara   1310
aquel ánima rara que allí vía.
Al niño recebía con respeto
un viejo en cuyo aspeto se via junto
severidad a un punto con dulzura.
Quedó desta figura como helado   1315
Severo y espantado, viendo el viejo
que, como si en espejo se mirara,
en cuerpo, edad y cara eran conformes.
En esto, el rostro a Tormes revolviendo,
vio que 'staba rïendo de su 'spanto.   1320

1294   *encogido*: reducido, empequeñecido
1296   Venus, o el amor, que hace contraste con Mercurio y
       Marte (la cautela y la guerra), también tiene una debida
       influencia sobre el niño.
1299-1300 Febo Apolo sustituye a Venus con sus hermanas las
       musas.
1307   *estaba*: se representaba
1315   *helado*: atónito

"¿De qué t'espantas tanto?", dijo el río.
"¿No basta el saber mío a que primero
que naciese Severo, yo supiese
que habia de ser quien diese la doctrina
al ánima divina deste mozo?"   1325
Él, lleno d'alborozo y d'alegría,
sus ojos mantenía de pintura.
Miraba otra figura d'un mancebo,
el cual venia con Febo mano a mano,
al modo cortesano; en su manera   1330
juzgáralo cualquiera, viendo el gesto
lleno d'un sabio, honesto y dulce afeto,
por un hombre perfeto en l'alta parte
de la difícil arte cortesana,
maestra de la humana y dulce vida.   1335
Luego fue conocida de Severo
la imagen por entero fácilmente
deste que allí presente era pintado:
vio qu'era el que habia dado a don Fernando,
su ánimo formando en luenga usanza,   1340
el trato, la crïanza y gentileza,
la dulzura y llaneza acomodada,
la virtud apartada y generosa,
y en fin cualquiera cosa que se vía
en la cortesanía de que lleno   1345
Fernando tuvo el seno y bastecido.
Después de conocido, leyó el nombre
Severo de aqueste hombre, que se llama
Boscán, de cuya llama clara y pura
sale'l fuego que apura sus escritos,   1350
que en siglos infinitos ternán vida.
De algo más crecida edad miraba

1322 *primero*: antes
1328 *otra figura*: el ayo cortesano del joven fue Boscán (v.
      1349), traductor de *Il Cortegiano* de Castiglione.
1343 *apartada*: excepcional
1346 *bastecido*: abastecido
1349 *llama*: amor

al niño, que 'scuchaba sus consejos.
Luego los aparejos ya de Marte,
estotro puesto aparte, le traía;   1355
así les convenía a todos ellos
que no pudiera dellos dar noticia
a otro la milicia en muchos años.
Obraba los engaños de la lucha;
la maña y fuerza mucha y ejercicio   1360
con el robusto oficio está mezclando.
Allí con rostro blando y amoroso
Venus aquel hermoso mozo mira,
y luego le retira por un rato
d'aquel áspero trato y son de hierro;   1365
mostrábale ser yerro y ser mal hecho
armar contino el pecho de dureza,
no dando a la terneza alguna puerta.
Con él en una huerta entrada siendo,
una ninfa dormiendo le mostraba;   1370
el mozo la miraba y juntamente,
de súpito acidente acometido,
estaba embebecido, y la diosa
que a la ninfa hermosa s'allegase
mostraba que rogase, y parecía   1375
que la diosa temía de llegarse.
Él no podia hartarse de miralla,
de eternamente amalla proponiendo.
Luego venia corriendo Marte airado,
mostrándose alterado en la persona,   1380
y daba una corona a don Fernando
y estábale mostrando un caballero
que con semblante fiero amenazaba
al mozo que quitaba el nombre a todos.
Con atentados modos se movía   1385

1354-1358 Se prestaba tan bien a las artes guerreras, que por mucho
           tiempo no tenía rival posible.
     1372 "atacado de pronto por la enfermedad amorosa"
1379-1393 Este pasaje se refiere a un desafío en Burgos, del año
           1524, del que salió vencedor el joven D. Fernando.

contra el que l'atendía en una puente;
mostraba claramente la pintura
que acaso noche 'scura entonces era.
De la batalla fiera era testigo
Marte, que al enemigo condenaba   1390
y al mozo coronaba en el fin d'ella;
el cual, como la estrella relumbrante
que'l sol envia delante, resplandece.
D'allí su nombre crece, y se derrama
su valerosa fama a todas partes.   1395
Luego con nuevas artes se convierte
a hurtar a la muerte y a su abismo
gran parte de sí mismo y quedar vivo
cuando el vulgo cativo le llorare
y, muerto, le llamare con deseo.   1400
Estaba el Himeneo allí pintado,
el diestro pie calzado en lazos d'oro;
de vírgines un coro está cantando,
partidas altercando y respondiendo,
y en un lecho poniendo una doncella   1405
que, quien atento aquélla bien mirase
y bien la cotejase en su sentido
con la qu'el mozo vido allá en la huerta,
verá que la despierta y la dormida
por una es conocida de presente.   1410
Mostraba juntamente ser señora
digna y merecedora de tal hombre;
el almohada el nombre contenía,
el cual doña María Enríquez era.
Apenas tienen fuera a don Fernando,   1415
ardiendo y deseando estar ya echado;
al fin era dejado con su esposa
dulce, pura, hermosa, sabia, honesta.

1396-1400   Es decir, que gana una fama que durará más allá de su
            muerte.
     1400   *Himeneo*: dios de la boda, quien entra con pie derecho
            (buen agüero)
     1410   "se reconoce como de una misma figura"

En un pie estaba puesta la fortuna,
nunca estable ni una, que llamaba   1420
a Fernando, que 'staba en vida ociosa,
porque en dificultosa y ardua vía
quisiera ser su guía y ser primera;
mas él por compañera tomó aquella,
siguiendo a la qu'es bella descubierta   1425
y juzgada, cubierta, por disforme.
El nombre era conforme a aquesta fama:
virtud ésta se llama, al mundo rara.
¿Quién tras ella guïara igual en curso
sino éste, qu'el discurso de su lumbre   1430
forzaba la costumbre de sus años,
no recibiendo engaños sus deseos?
Los montes Pireneos, que se 'stima
de abajo que la cima está en el cielo
y desde arriba el suelo en el infierno,   1435
en medio del invierno atravesaba.
La nieve blanqueaba, y las corrientes
por debajo de puentes cristalinas
y por heladas minas van calladas;
el aire las cargadas ramas mueve,   1440
qu'el peso de la nieve las desgaja.
Por aquí se trabaja el duque osado,
del tiempo contrastado y de la vía,
con clara compañía de ir delante;
el trabajo constante y tan loable   1445
por la Francia mudable en fin le lleva.
La fama en él renueva la presteza,

1419-1432 Fernando escogió por compañera y guía, no a la fortuna
          variable, sino a la virtud constante.
    1433 Aquí empieza la narración épica principal, desde la sa-
          lida de España en febrero de 1532 hasta la vuelta triun-
          fal del duque a Alba de Tormes en la primavera del
          año siguiente (v. 1707-1742), después de haber acaudi-
          llado la defensa de Viena. Garcilaso mismo durante gran
          parte de este viaje estuvo estrechamente asociado al
          duque.
    1447 *la fama*: Es decir, la buena opinión del Emperador, quien
          le había llamado, hizo apresurarse al duque.

la cual con ligereza iba volando
y con el gran Fernando se paraba
y le sinificaba en modo y gesto   1450
qu'el caminar muy presto convenía.
De todos escogía el duque uno,
y entramos de consuno cabalgaban;
los caballos mudaban fatigados,
mas a la fin llegados a los muros   1455
del gran París seguros, la dolencia
con su débil presencia y amarilla
bajaba de la silla al duque sano
y con pesada mano le tocaba.
Él luego comenzaba a demudarse   1460
y amarillo pararse y a dolerse.
Luego pudiera verse de travieso
venir por un espeso bosque ameno,
de buenas hierbas lleno y medicina,
Esculapio, y camina no parando   1465
hasta donde Fernando estaba en lecho;
entró con pie derecho, y parecía
que le restituía en tanta fuerza
que a proseguir se 'sfuerza su vïaje,
que le llevó al pasaje del gran Reno.   1470
Tomábale en su seno el caudaloso
y claro rio, gozoso de tal gloria,
trayendo la memoria cuando vino
el vencedor latino al mismo paso.
No se mostraba escaso de sus ondas;   1475
antes, con aguas hondas que engendraba,
los bajos igualaba, y al liviano
barco daba de mano, el cual, volando,
atrás iba dejando muros, torres.

1452 *uno*: Es decir, Garcilaso mismo
1462 *de travieso*: atravesando
1465 *Esculapio*: dios de la medicina
1467 *con pie derecho*: con buena suerte
1470 Utrecht (Traiectum ad Rhenum), donde supone Garcilaso
que Julio César también (v. 1474) había atravesado el
Rin.

Con tanta priesa corres, navecilla,
que llegas do amancilla una doncella,
y once mil más con ella, y mancha el
                                    [suelo
de sangre que en el cielo está esmaltada.
Úrsula, desposada y virgen pura,
mostraba su figura en una pieza   1485
pintada; su cabeza allí se vía
que los ojos volvía ya espirando.
Y estábate mirando aquel tirano
que con acerba mano llevó a hecho,
de tierno en tierno pecho, tu compaña.   1490
Por la fiera Alemaña d'aquí parte
el duque, a aquella parte enderezado
donde el cristiano estado estaba en dubio.
En fin al gran Danubio s'encomienda;
por él suelta la rienda a su navío,   1495
que con poco desvío de la tierra
entre una y otra sierra el agua hiende.
El remo que deciende en fuerza suma
mueve la blanca espuma como argento;
el veloz movimiento parecía   1500
que pintado se vía ante los ojos.
Con amorosos ojos, adelante,
Carlo, César triunfante, le abrazaba
cuando desembarcaba en Ratisbona.
Allí por la corona del imperio   1505
estaba el magisterio de la tierra
convocado a la guerra que 'speraban;
todos ellos estaban enclavando
los ojos en Fernando, y en el punto
que a sí le vieron junto, se prometen   1510
de cuanto allí acometen la vitoria.

1481 A Colonia, donde se venera la tumba de Santa Úrsula,
      martirizada allí por los hunos de Atila con las once mil
      vírgenes que la acompañaban, según la leyenda.
1493 *dubio*: duda (italianismo)
1503 Carlos V, el Emperador, le esperaba en Ratisbona (Re-
      gensburg).

Con falsa y vana gloria y arrogancia,
con bárbara jactancia allí se vía
a los fines de Hungría el campo puesto
d'aquel que fue molesto en tanto grado   1515
al húngaro cuitado y afligido;
las armas y el vestido a su costumbre,
era la muchidumbre tan estraña
que apenas la campaña la abarcaba
ni a dar pasto bastaba, ni agua el río.   1520
César con celo pío y con valiente
ánimo aquella gente despreciaba;
la suya convocaba, y en un punto
vieras un campo junto de naciones
diversas y razones, mas d'un celo.   1525
No ocupaban el suelo en tanto grado,
con número sobrado y infinito,
como el campo maldito, mas mostraban
virtud con que sobraban su contrario,
ánimo voluntario, industria y maña.   1530
Con generosa saña y viva fuerza
Fernando los esfuerza y los recoge
y a sueldo suyo coge muchos dellos.
D'un arte usaba entr'ellos admirable:
con el diciplinable alemán fiero   1535
a su manera y fuero conversaba;
a todos s'aplicaba de manera
qu'el flamenco dijera que nacido
en Flandes habia sido, y el osado
español y sobrado, imaginando   1540
ser suyo don Fernando y de su suelo,
demanda sin recelo la batalla.
Quien más cerca se halla del gran hombre
piensa que crece el nombre por su mano.

1515   *aquel*: el turco Solimán, que ocupaba Hungría y ase-
        diaba a Viena
1526-1528 Es decir, que no eran tan numerosos los cristianos como
        los turcos.
1529   *sobraban*: superaban
1544   "cree que el duque le acrecienta la fama"

El cauto italiano nota y mira,   1545
los ojos nunca tira del guerrero,
y aquel valor primero de su gente
junto en éste y presente considera;
en él ve la manera misma y maña
del que pasó en España sin tardanza,   1550
siendo solo esperanza de su tierra,
y acabó aquella guerra peligrosa
con mano poderosa y con estrago
de la fiera Cartago y de su muro,
y del terrible y duro su caudillo,   1555
cuyo agudo cuchillo a las gargantas
Italia tuvo tantas veces puesto.
Mostrábase tras esto allí esculpida
la envidia carcomida, a sí molesta,
contra Fernando puesta frente a frente;   1560
la desvalida gente convocaba
y contra aquél la armaba y con sus artes
busca por todas partes daño y mengua.
Él, con su mansa lengua y largas manos
los tumultos livianos asentando,   1565
poco a poco iba alzando tanto el vuelo
que la envidia en el cielo le miraba,
y como no bastaba a la conquista,
vencida ya su vista de tal lumbre,
forzaba su costumbre y parecía   1570
que perdón le pedía, en tierra echada;
él, después de pisada, descansado
quedaba y aliviado deste enojo
y lleno del despojo desta fiera.
Hallaba en la ribera del gran río,   1575
de noche al puro frío del sereno,
a César, qu'en su seno está pensoso
del suceso dudoso desta guerra;

1549-1557 Se refiere a Escipión el Africano, vencedor de Aníbal y
            liberador de Italia.
1558-1574 Fernando no se deja vencer por la envidia, las malas
            lenguas.
    1564 *largas*: generosas

que aunque de sí destierra   la tristeza
del caso, la grandeza   trae consigo   1580
el pensamiento amigo   del remedio.
Entramos buscan medio   convenible
para que aquel terrible   furor loco
les empeciese poco   y recibiese
tal estrago que fuese   destrozado.   1585
Después de haber hablado,   ya cansados,
en la hierba acostados   se dormían;
el gran Danubio oían   ir sonando,
casi como aprobando   aquel consejo.
En esto el claro viejo   rio se vía   1590
que del agua salía   muy callado,
de sauces coronado   y un vestido
de las ovas tejido   mal cubierto;
y en aquel sueño incierto   les mostraba
todo cuanto tocaba   al gran negocio,   1595
y parecia qu'el ocio   sin provecho
les sacaba del pecho,   porque luego,
como si en vivo fuego   se quemara
alguna cosa cara,   se levantan
del gran sueño y s'espantan,   alegrando   1600
el ánimo y alzando   la esperanza.
El río sin tardanza   parecía
qu'el agua disponía   al gran viaje;
allanaba el pasaje   y la corriente
para que fácilmente   aquella armada,   1605
que habia de ser guïada   por su mano,
en el remar liviano   y dulce viese
cuánto el Danubio fuese   favorable.
Con presteza admirable   vieras junto
un ejército a punto   denodado;   1610
y después d'embarcado,   el remo lento,
el duro movimiento   de los brazos,
los pocos embarazos   de las ondas

1579-1581   "que aunque no duda del éxito, su sentido de responsa-
bilidad le hace pensar en estratagemas"

llevaban por las hondas aguas presta
el armada molesta al gran tirano.   1615
El arteficio humano no hiciera
pintura que esprimiera vivamente
el armada, la gente, el curso, el agua;
y apenas en la fragua donde sudan
los cíclopes y mudan fatigados   1620
los brazos, ya cansados del martillo,
pudiera así exprimillo el gran maestro.
Quien viera el curso diestro por la clara
corriente bien jurara a aquellas horas
que las agudas proras dividían   1625
el agua y la hendían con sonido,
y el rastro iba seguido; luego vieras
al viento las banderas tremolando,
las ondas imitando en el moverse.
Pudiera también verse casi viva   1630
la otra gente esquiva y descreída,
que d'ensoberbecida y arrogante
pensaban que delante no hallaran
hombres que se pararan a su furia.
Los nuestros, tal injuria no sufriendo,   1635
remos iban metiendo con tal gana
que iba d'espuma cana el agua llena.
El temor enajena al otro bando;
el sentido, volando de uno en uno,
entrábase importuno por la puerta   1640
de la opinión incierta, y siendo dentro
en el íntimo centro allá del pecho,
les dejaba deshecho un hielo frío,
el cual como un gran río en flujos gruesos
por médulas y huesos discurría.   1645
Todo el campo se vía conturbado,
y con arrebatado movimiento

1622 *el gran maestro*: Vulcano
1625 *proras*: proas
1634 *se pararan*: hicieran frente
1637 *cana*: blanca

sólo del salvamiento platicaban.
Luego se levantaban con desorden;
confusos y sin orden caminando,   1650
atrás iban dejando, con recelo,
tendida por el suelo, su riqueza.
Las tiendas do pereza y do fornicio
con todo bruto vicio obrar solían,
sin ellas se partían; así armadas,   1655
eran desamparadas de sus dueños.
A grandes y pequeños juntamente
era el temor presente por testigo,
y el áspero enemigo a las espaldas,
que les iba las faldas ya mordiendo.   1660
César estar teniendo allí se vía
a Fernando, que ardía sin tardanza
por colorar su lanza en turca sangre.
Con animosa hambre y con denuedo
forceja con quien quedo estar le manda,   1665
como lebrel de Irlanda generoso
qu'el jabalí cerdoso y fiero mira;
rebátese, sospira, fuerza y riñe,
y apenas le costriñe el atadura
qu'el dueño con cordura más aprieta: 1670
así estaba perfeta y bien labrada
la imagen figurada de Fernando
que quien allí mirando lo estuviera,
que era desta manera lo juzgara.
Resplandeciente y clara, de su gloria   1675
pintada, la vitoria se mostraba;
a César abrazaba, y no parando,
los brazos a Fernando echaba al cuello.
Él mostraba d'aquello sentimiento,
por ser el vencimiento tan holgado.   1680
Estaba figurado un carro estraño
con el despojo y daño de la gente
bárbara, y juntamente allí pintados

1679-1680 Es decir, que sentía que fuera tan fácil la victoria.
1681-1691 Se representa aquí un triunfo clásico.

cativos amarrados a las ruedas,
con hábitos y sedas varïadas;   1685
lanzas rotas, celadas y banderas,
armaduras ligeras de los brazos,
escudos en pedazos divididos
vieras allí cogidos en trofeo,
con qu'el común deseo y voluntades   1690
de tierras y ciudades se alegraba.
Tras esto blanqueaba falda y seno
con velas, al Tirreno, del armada
sublime y ensalzada y glorïosa.
Con la prora espumosa las galeras,   1695
como nadantes fieras, el mar cortan
hasta que en fin aportan con corona
de lauro a Barcelona; do cumplidos
los votos ofrecidos y deseos,
y los grandes trofeos ya repuestos,   1700
con movimientos prestos d'allí luego,
en amoroso fuego todo ardiendo,
el duque iba corriendo y no paraba.
Cataluña pasaba, atrás la deja;
ya d'Aragón s'aleja, y en Castilla   1705
sin bajar de la silla los pies pone.
El corazón dispone al alegría
que vecina tenía, y reserena
su rostro y enajena de sus ojos
muerte, daños, enojos, sangre y guerra;   1710
con solo amor s'encierra sin respeto,
y el amoroso afeto y celo ardiente
figurado y presente está en la cara.
Y la consorte cara, presurosa,
de un tal placer dudosa, aunque lo vía,   1715
el cuello le ceñía en nudo estrecho
de aquellos brazos hecho delicados;

1692-1694 Es decir, que las velas de la armada cubren de blanco
el mar Tirreno.
1697 *aportan*: arriban

de lágrimas preñados,   relumbraban
los ojos que sobraban   al sol claro.
Con su Fernando caro   y señor pío   1720
la tierra, el campo, el río,   el monte, el llano
alegres a una mano   estaban todos,
mas con diversos modos   lo decían:
los muros parecían   d'otra altura,
el campo en hermosura   d'otras flores   1725
pintaba mil colores   desconformes;
estaba el mismo Tormes   figurado,
en torno rodeado   de sus ninfas,
vertiendo claras linfas   con instancia,
en mayor abundancia   que solía;   1730
del monte se veía   el verde seno
de ciervos todo lleno,   corzos, gamos,
que de los tiernos ramos   van rumiando;
el llano está mostrando   su verdura,
tendiendo su llanura   así espaciosa   1735
que a la vista curiosa   nada empece
ni deja en qué tropiece   el ojo vago.
Bañados en un lago,   no d'olvido,
mas de un embebecido   gozo, estaban
cuantos consideraban   la presencia   1740
d'éste cuya ecelencia   el mundo canta,
cuyo valor quebranta   al turco fiero.
Aquesto vio Severo   por sus ojos,
y no fueron antojos   ni ficiones;
si oyeras sus razones,   yo te digo   1745
que como a buen testigo   le creyeras.
Contaba muy de veras   que mirando
atento y contemplando   las pinturas,
hallaba en las figuras   tal destreza
que con mayor viveza   no pudieran   1750
estar si ser les dieran   vivo y puro.
Lo que dellas escuro   allí hallaba
y el ojo no bastaba   a recogello,

1719   *sobraban*: superaban
1729   *linfas*: aguas

el río le daba dello gran noticia.
"Éste de la milicia", dijo el río,   1755
"la cumbre y señorío terná solo
del uno al otro polo; y porque 'spantes
a todos cuando cantes los famosos
hechos tan glorïosos, tan ilustres,
sabe qu'en cinco lustres de sus años   1760
hará tantos engaños a la muerte
que con ánimo fuerte habrá pasado
por cuanto aquí pintado della has visto.
Ya todo lo has previsto; vamos fuera;
dejarte he en la ribera do 'star sueles".   1765
"Quiero que me reveles tú primero",
le replicó Severo, "qué's aquello
que de mirar en ello se me ofusca
la vista, así corrusca y resplandece,
y tan claro parece allí en la urna   1770
como en hora noturna la cometa".
"Amigo, no se meta", dijo el viejo,
"ninguno, le aconsejo, en este suelo
en saber más qu'el cielo le otorgare;
y si no te mostrare lo que pides,   1775
tú mismo me lo impides, porque en tanto
qu'el mortal velo y manto el alma cubren,
mil cosas se t'encubren, que no bastan
tus ojos que contrastan a mirallas.
No pude yo pintallas con menores   1780
luces y resplandores, porque sabe,
y aquesto en ti bien cabe, que esto todo
qu'en ecesivo modo resplandece,
tanto que no parece ni se muestra,
es lo que aquella diestra mano osada   1785
y virtud sublimada de Fernando
acabarán entrando más los días,
lo cual con lo que vías comparado

1760 *lustres*: lustros (períodos de cinco años)
1777 *mortal velo y manto*: cuerpo
1779 *contrastan*: luchan, prueban

es como con nublado muy escuro
el sol ardiente, puro y relumbrante.   1790
Tu vista no es bastante a tanta lumbre
hasta que la costumbre de miralla
tu ver al contemplalla no confunda;
como en cárcel profunda el encerrado
que súpito sacado le atormenta   1795
el sol que se presenta a sus tinieblas,
así tú, que las nieblas y hondura
metido en estrechura contemplabas,
que era cuando mirabas otra gente,
viendo tan diferente suerte d'hombre,   1800
no es mucho que t'asombre luz tamaña.
Pero vete, que baña el sol hermoso
su carro presuroso ya en las ondas,
y antes que me respondas, será puesto".
Diciendo así, con gesto muy humano   1805
tomóle por la mano. ¡Oh admirable
caso y cierto espantable!, qu'en saliendo
se fueron estriñendo d'una parte
y d'otra de tal arte aquellas ondas
que las aguas, que hondas ser solían,   1810
el suelo descubrían y dejaban
seca por do pasaban la carrera
hasta qu'en la ribera se hallaron;
y como se pararon en un alto,
el viejo d'allí un salto dio con brío   1815
y levantó del río espuma'l cielo
y comovió del suelo negra arena.
Severo, ya de ajena ciencia instruto,
fuese a coger el fruto sin tardanza
de futura 'speranza, y escribiendo,   1820
las cosas fue exprimiendo muy conformes

1795   *súpito*: de súbito
1808   *estriñendo*: encogiendo
1818-1828   Es decir, que Severo, después de haber estudiado las
          esculturas del Tormes, puso en escritura su contenido;
          Nemoroso luego lo leyó y lo explicó oralmente a Sa-
          licio.

a las que había de Tormes aprendido;
y aunque de mi sentido él bien juzgase
que no las alcanzase, no por eso
este largo proceso, sin pereza,   1825
dejó por su nobleza de mostrarme.
Yo no podia hartarme allí leyendo,
y tú d'estarme oyendo estás cansado.

SAL.   Espantado me tienes
            con tan estraño cuento,   1830
y al son de tu hablar embebecido.
            Acá dentro me siento,
            oyendo tantos bienes
y el valor deste príncipe escogido,
            bullir con el sentido   1835
            y arder con el deseo
            por contemplar presente
            aquel que, 'stando ausente,
por tu divina relación ya veo.
            ¡Quién viese la escritura,   1840
ya que no puede verse la pintura!

            Por firme y verdadero,
            después que t'he escuchado,
tengo que ha de sanar Albanio cierto,
            que según me has contado,   1845
            bastara tu Severo
a dar salud a un vivo y vida a un muerto;
            que a quien fue descubierto
            un tamaño secreto,
            razón es que se crea   1850
            que cualquiera que sea
alcanzará con su saber perfeto,
            y a las enfermedades
aplicará contrarias calidades.

1854 "contrarrestará"

NEM.   Pues ¿en qué te resumes, di, Salicio,   1855
acerca deste enfermo compañero,
en que hagamos el debido oficio?

SAL.   Luego de aquí partamos, y primero
que haga curso el mal y s'envejezca,
así le presentemos a Severo.   1860

NEM.   Yo soy contento, y antes que amanezca
y que del sol el claro rayo ardiente
sobre las altas cumbres se parezca,
el compañero mísero y doliente
llevemos luego donde cierto entiendo   1865
que será guarecido fácilmente.

SAL.   Recoge tu ganado, que cayendo
ya de los altos montes las mayores
sombras con ligereza van corriendo;
mira en torno, y verás por los alcores   1870
salir el humo de las caserías
de aquestos comarcanos labradores.
Recoge tus ovejas y las mías,
y vete tú con ellas poco a poco
por aquel mismo valle que solías;   1875
yo solo me averné con nuestro loco,
que pues él hasta aquí no se ha movido,
la braveza y furor debe ser poco.

NEM.   Si llegas antes, no te 'stés dormido;
aparéja la cena, que sospecho   1880
que aun fuego Galafrón no habrá encendido.

SAL.   Yo lo haré, que al hato iré derecho,
si no me lleva a despeñar consigo
d'algún barranco Albanio, a mi despecho.
Adiós, hermano.

NEM.   Adiós, Salicio amigo.   1885

1855   *te resumes*: te decides
1866   *guarecido*: curado
1876   *averné*: avendré

ÉGLOGA III

Personas: TIRRENO, ALZINO

1.

Aquella voluntad honesta y pura,
ilustre y hermosísima María,
que'n mí de celebrar tu hermosura,
tu ingenio y tu valor estar solía,
a despecho y pesar de la ventura   5
que por otro camino me desvía,
está y estará en mí tanto clavada
cuanto del cuerpo el alma acompañada.

2.

Y aun no se me figura que me toca
aqueste oficio solamente en vida,   10
mas con la lengua muerta y fria en la boca
pienso mover la voz a ti debida;
libre mi alma de su estrecha roca,
por el Estigio lago conducida,
celebrando t'irá, y aquel sonido   15
hará parar las aguas del olvido.

2 *María*: sin duda D.ª María Osorio Pimentel, esposa de
  D. Pedro de Toledo, a quien se dedicó la Égloga I
13 *roca*: cárcel (italianismo), o sea, cuerpo
14 *el Estigio lago*: sombría laguna del reino infernal, próxima
  al Lete, río del olvido (Véase v. 16)

3.

Mas la fortuna, de mi mal no harta,
me aflige y d'un trabajo en otro lleva;
ya de la patria, ya del bien me aparta,
ya mi paciencia en mil maneras prueba,   20
y lo que siento más es que la carta
donde mi pluma en tu alabanza mueva,
poniendo en su lugar cuidados vanos,
me quita y m'arrebata de las manos.

4.

Pero por más que'n mí su fuerza pruebe, 25
no tornará mi corazón mudable;
nunca dirán jamás que me remueve
fortuna d'un estudio tan loable;
Apolo y las hermanas todas nueve
me darán ocio y lengua con que hable 30
lo menos de lo que'n tu ser cupiere,
qu'esto será lo más que yo pudiere.

5.

En tanto, no te ofenda ni te harte
tratar del campo y soledad que amaste,
ni desdeñes aquesta inculta parte   35
de mi estilo, que'n algo ya estimaste;
entre las armas del sangriento Marte,
do apenas hay quien su furor contraste,
hurté del tiempo aquesta breve suma,
tomando ora la espada, ora la pluma. 40

6.

Aplica, pues, un rato los sentidos
al bajo son de mi zampoña ruda,

21 *carta*: papel
28 *estudio*: empeño
29 "el dios de la poesía y las musas"

indigna de llegar a tus oídos,
pues d'ornamento y gracia va desnuda;
mas a las veces son mejor oídos   45
el puro ingenio y lengua casi muda,
testigos limpios d'ánimo inocente,
que la curiosidad del elocuente.

7.

Por aquesta razón de ti escuchado,
aunque me falten otras, ser merezco;   50
lo que puedo te doy, y lo que he dado,
con recebillo tú, yo m'enriquezco.
De cuatro ninfas que del Tajo amado
salieron juntas, a cantar me ofrezco:
Filódoce, Dinámene y Climene,   55
Nise, que en hermosura par no tiene.

8.

Cerca del Tajo, en soledad amena,
de verdes sauces hay una espesura
toda de hiedra revestida y llena,
que por el tronco va hasta el altura   60
y así la teje arriba y encadena
que'l sol no halla paso a la verdura;
el agua baña el prado con sonido,
alegrando la hierba y el oído.

9.

Con tanta mansedumbre el cristalino   65
Tajo en aquella parte caminaba
que pudieron los ojos el camino
determinar apenas que llevaba.

---

48   *la curiosidad*: los primores
53-56   Se ha sugerido que estas ninfas se deben identificar con
las cuatro hijas de los virreyes: según el v. 255, Nise
conoce bien las penas de Nemoroso (Garcilaso), y según
el v. 266 son hermanas.

Peinando sus cabellos d'oro fino,
una (ninfa) del agua do moraba   70
la cabeza sacó, y el prado ameno
vido de flores y de sombras lleno.

10.

Movióla el sitio umbroso, el manso viento,
el suave olor d'aquel florido suelo;
las aves en el fresco apartamiento   75
vio descansar del trabajoso vuelo;
secaba entonces el terreno aliento
el sol, subido en la mitad del cielo;
en el silencio solo se 'scuchaba
un susurro de abejas que sonaba.   80

11.

Ya habiendo contemplado una gran pieza
atentamente aquel lugar sombrío,
somorgujó de nuevo su cabeza
y al fondo se dejó calar del río;
a sus hermanas a contar empieza   85
del verde sitio el agradable frío,
y que vayan, les ruega y amonesta,
allí con su labor a estar la siesta.

12.

No perdió en esto mucho tiempo el ruego,
que las tres d'ellas su labor tomaron   90
y en mirando defuera vieron luego
el prado, hacia el cual enderezaron;
el agua clara con lascivo juego
nadando dividieron y cortaron,
hasta que'l blanco pie tocó mojado,   95
saliendo del arena, el verde prado.

73 *movió*: atrajo
81 *pieza*: rato
83 *somorgujó*: sumergió

13.

Poniendo ya en lo enjuto las pisadas,
escurriendo del agua sus cabellos,
los cuales esparciendo cubijadas
las hermosas espaldas fueron dellos,   100
luego sacando telas delicadas
que'n delgadeza competian con ellos,
en lo más escondido se metieron
y a su labor atentas se pusieron.

14.

Las telas eran hechas y tejidas   105
del oro que'l felice Tajo envía,
apurado después de bien cernidas
las menudas arenas do se cría,
y de las verdes hojas, reducidas
en estambre sotil cual convenía   110
para seguir el delicado estilo
del oro, ya tirado en rico hilo.

15.

La delicada estambre era distinta
de las colores que antes le habian dado
con la fineza de la varia tinta   115
que se halla en las conchas del pescado;
tanto arteficio muestra en lo que pinta
y teje cada ninfa en su labrado
cuanto mostraron en sus tablas antes
el celebrado Apeles y Timantes.   120

---

 99 *cubijadas*: cobijadas, cubiertas
109-110 Se refiere a la seda, producida cuando los gusanos con-
         vierten en hilo las hojas del moral.
112 *tirado*: estirado
113 *distinta*: desteñida, cambiada
116 *pescado*: múrice
120 *Apeles y Timantes*: famosos pintores griegos

16.

Filódoce, que así d'aquéllas era
llamada la mayor, con diestra mano
tenía figurada la ribera
de Estrimón, de una parte el verde llano
y d'otra el monte d'aspereza fiera,   125
pisado tarde o nunca de pie humano,
donde el amor movió con tanta gracia
la dolorosa lengua del de Tracia.

17.

Estaba figurada la hermosa
Eurídice, en el blanco pie mordida   130
de la pequeña sierpe ponzoñosa,
entre la hierba y flores escondida;
descolorida estaba como rosa
que ha sido fuera de sazón cogida,
y el ánima, los ojos ya volviendo,   135
de su hermosa carne despidiendo.

18.

Figurado se vía estensamente
el osado marido, que bajaba
al triste reino de la escura gente
y la mujer perdida recobraba;   140
y cómo, después desto, él impaciente
por mirarla de nuevo, la tornaba
a perder otra vez, y del tirano
se queja al monte solitario en vano.

124-144   El Estrimón es río de Tracia, patria del músico Orfeo,
          quien bajó a los infiernos a liberar a su querida Eurídice;
          pero no cumplió el mandamiento del tirano de ese reino,
          quien le había mandado que no la mirase.

19.

Dinámene no menos artificio   145
mostraba en la labor que había tejido,
pintando a Apolo en el robusto oficio
de la silvestre caza embebecido.
Mudar presto le hace el ejercicio
la vengativa mano de Cupido,   150
que hizo a Apolo consumirse en lloro
después que le enclavó con punta d'oro.

20.

Dafne, con el cabello suelto al viento,
sin perdonar al blanco pie corría
por áspero camino tan sin tiento   155
que Apolo en la pintura parecía
que, porqu'ella templase el movimiento,
con menos ligereza la seguía;
él va siguiendo, y ella huye como
quien siente al pecho el odïoso plomo.   160

21.

Mas a la fin los brazos le crecían
y en sendos ramos vueltos se mostraban;
y los cabellos, que vencer solían
al oro fino, en hojas se tornaban;
en torcidas raíces s'estendían   165
los blancos pies y en tierra se hincaban;
llora el amante y busca el ser primero,
besando y abrazando aquel madero.

148 *embebecido*: absorbido
152 Las flechas con punta de oro que tiraba Cupido inspiraban
     el amor; las con punta de plomo inspiraban el odio.
154 *sin perdonar al*: utilizando cruelmente el
157 *templase*: refrenase
160 Véase nota sobre el v. 152.
167 *el ser primero*: su modo de ser anterior

22.

Climene, llena de destreza y maña,
el oro y las colores matizando,   170
iba de hayas una gran montaña,
de robles y de peñas variando;
un puerco entre ellas, de braveza estraña,
estaba los colmillos aguzando
contra un mozo no menos animoso,   175
con su venablo en mano, que hermoso.

23.

Tras esto, el puerco allí se via herido
d'aquel mancebo, por su mal valiente,
y el mozo en tierra estaba ya tendido,
abierto el pecho del rabioso diente,   180
con el cabello d'oro desparcido
barriendo el suelo miserablemente;
las rosas blancas por allí sembradas
tornaban con su sangre coloradas.

24.

Adonis éste se mostraba qu'era,   185
según se muestra Venus dolorida,
que viendo la herida abierta y fiera,
sobr'él estaba casi amortecida;
boca con boca coge la postrera
parte del aire que solia dar vida   190
al cuerpo por quien ella en este suelo
aborrecido tuvo al alto cielo.

---

173 *puerco*: el jabalí que mató a Adonis, querido de Venus,
     era Marte, antiguo amante de ésta.
175 *contra*: para atacar
191-192 Es decir, que Venus, por la hermosura del mortal Adonis,
     había abandonado a los dioses.

25.

La blanca Nise no tomó a destajo
de los pasados casos la memoria,
y en la labor de su sotil trabajo   195
no quiso entretejer antigua historia;
antes, mostrando de su claro Tajo
en su labor la celebrada gloria,
la figuró en la parte dond' él baña
la más felice tierra de la España.   200

26.

Pintado el caudaloso rio se vía,
que en áspera estrecheza reducido,
un monte casi alrededor ceñía,
con ímpetu corriendo y con rüido;
querer cercarlo todo parecía   205
en su volver, mas era afán perdido;
dejábase correr en fin derecho,
contento de lo mucho que habia hecho.

27.

Estaba puesta en la sublime cumbre
del monte, y desde allí por él sembrada,   210
aquella ilustre y clara pesadumbre
d'antiguos edificios adornada.
D'allí con agradable mansedumbre
el Tajo va siguiendo su jornada
y regando los campos y arboledas   215
con artificio de las altas ruedas.

193 *a destajo*: como tarea
195 *sotil*: sutil
200 *felice*: feliz
201-216 Se describe el curso del Tajo en torno a la ciudad de
Toledo.
216 "por medio de los azudes, o máquinas con que se saca
agua de los ríos"

28.

En la hermosa tela se veían,
entretejidas, las silvestres diosas
salir de la espesura, y que venían
todas a la ribera presurosas,   220
en el semblante tristes, y traían
cestillos blancos de purpúreas rosas,
las cuales esparciendo derramaban
sobre una ninfa muerta que lloraban.

29.

Todas, con el cabello desparcido,   225
lloraban una ninfa delicada
cuya vida mostraba que había sido
antes de tiempo y casi en flor cortada;
cerca del agua, en un lugar florido,
estaba entre las hierbas degollada   230
cual queda el blanco cisne cuando pierde
la dulce vida entre la hierba verde.

30.

Una d'aquellas diosas que'n belleza
al parecer a todas ecedía,
mostrando en el semblante la tristeza   235
que del funesto y triste caso había,
apartada algún tanto, en la corteza
de un álamo unas letras escribía
como epitafio de la ninfa bella,
que hablaban ansí por parte della: 240

31.

"Elisa soy, en cuyo nombre suena
y se lamenta el monte cavernoso,

225 *desparcido*: esparcido

testigo del dolor y grave pena
en que por mí se aflige Nemoroso
y llama 'Elisa'; 'Elisa' a boca llena   245
responde el Tajo, y lleva presuroso
al mar de Lusitania el nombre mío,
donde será escuchado, yo lo fío".

32.

En fin, en esta tela artificiosa
toda la historia estaba figurada   250
que en aquella ribera deleitosa
de Nemoroso fue tan celebrada,
porque de todo aquesto y cada cosa
estaba Nise ya tan informada
que, llorando el pastor, mil veces ella   255
se enterneció escuchando su querella;

33.

y porque aqueste lamentable cuento
no sólo entre las selvas se contase,
mas dentro de las ondas sentimiento
con la noticia desto se mostrase,   260
quiso que de su tela el argumento
la bella ninfa muerta señalase
y ansí se publicase de uno en uno
por el húmido reino de Neptuno.

34.

Destas historias tales varïadas   265
eran las telas de las cuatro hermanas,
las cuales con colores matizadas,
claras las luces, de las sombras vanas

241-264 Aquí aparece de nuevo la ninfa Elisa (D.ª Isabel Freire)
        llorada ya por Nemoroso (Garcilaso) en la Égloga I; su
        llanto se comunica ahora de la tierra al mar.
  247 *Lusitania*: Portugal, patria de Isabel Freire
  268 *claras las luces*: construcción sintáctica absoluta

mostraban a los ojos relevadas
las cosas y figuras que eran llanas,   270
tanto que al parecer el cuerpo vano
pudiera ser tomado con la mano.

35.

Los rayos ya del sol se trastornaban,
escondiendo su luz al mundo cara
tras altos montes, y a la luna daban   275
lugar para mostrar su blanca cara;
los peces a menudo ya saltaban,
con la cola azotando el agua clara,
cuando las ninfas, la labor dejando,
hacia el agua se fueron paseando.   280

36.

En las templadas ondas ya metidos
tenian los pies y reclinar querían
los blancos cuerpos cuando sus oídos
fueron de dos zampoñas que tañían
suave y dulcemente detenidos,   285
tanto que sin mudarse las oían
y al son de las zampoñas escuchaban
dos pastores a veces que cantaban.

37.

Más claro cada vez el son se oía
de dos pastores que venian cantando   290
tras el ganado, que también venía
por aquel verde soto caminando
y a la majada, ya pasado el día,

---

269 *relevadas*: de relieve, en tres dimensiones
284 *tañían*: plural impersonal
288 *a veces que cantaban*: que cantaban alternamente

recogido le llevan, alegrando
las verdes selvas con el son süave,   295
haciendo su trabajo menos grave.

38.

Tirreno destos dos el uno era,
Alcino el otro, entrambos estimados
y sobre cuantos pacen la ribera
del Tajo con sus vacas enseñados;   300
mancebos de una edad, d'una manera
a cantar juntamente aparejados
y a responder, aquesto van diciendo,
cantando el uno, el otro respondiendo:

39.

TIRRENO

Flérida, para mí dulce y sabrosa   305
más que la fruta del cercado ajeno,
más blanca que la leche y más hermosa
que'l prado por abril de flores lleno:
si tú responde pura y amorosa
al verdadero amor de tu Tirreno,   310
a mi majada arribarás primero
que'l cielo nos amuestre su lucero.

40.

ALCINO

Hermosa Filis, siempre yo te sea
amargo al gusto más que la retama,
y de ti despojado yo me vea   315
cual queda el tronco de su verde rama,
si más que yo el murciégalo desea
la escuridad, ni más la luz desama,

300 *enseñados*: instruidos
317 *murciégalo*: murciélago
318 *desamar*: odiar

por ver ya el fin de un término tamaño,
deste dia, para mí mayor que un año.   320

41.

TIRRENO

Cual suele, acompañada de su bando,
aparecer la dulce primavera,
cuando Favonio y Céfiro, soplando,
al campo tornan su beldad primera
y van artificiosos esmaltando   325
de rojo, azul y blanco la ribera:
en tal manera, a mí Flérida mía
viniendo, reverdece mi alegría.

42.

ALCINO

¿Ves el furor del animoso viento
embravecido en la fragosa sierra   330
que los antigos robles ciento a ciento
y los pinos altísimos atierra,
y de tanto destrozo aun no contento,
al espantoso mar mueve la guerra?
Pequeña es esta furia comparada   335
a la de Filis con Alcino airada.

43.

TIRRENO

El blanco trigo multiplica y crece;
produce el campo en abundancia tierno
pasto al ganado; el verde monte ofrece
a las fieras salvajes su gobierno;   340
adoquiera que miro, me parece

323 *Favonio y Céfiro*: vientos suaves
331 *antigos*: antiguos
332 *atierra*: derriba
340 *gobierno*: mantenimiento

que derrama la copia todo el cuerno:
mas todo se convertirá en abrojos
si dello aparta Flérida sus ojos.

44.

ALCINO

De la esterilidad es oprimido   345
el monte, el campo, el soto y el ganado;
la malicia del aire corrompido
hace morir la hierba mal su grado;
las aves ven su descubierto nido
que ya de verdes hojas fue cercado;   350
pero si Filis por aquí tornare,
hará reverdecer cuanto mirare.

45.

TIRRENO

El álamo de Alcides escogido
fue siempre, y el laurel del rojo Apolo;
de la hermosa Venus fue tenido   355
en precio y en estima el mirto solo;
el verde sauz de Flérida es querido
y por suyo entre todos escogiólo:
doquiera que sauces de hoy más se hallen,
el álamo, el laurel y el mirto callen.   360

46.

ALCINO

El fresno por la selva en hermosura
sabremos ya que sobre todos vaya;

342   Se refiere a la cornucopia o cuerno de la abundancia.
347   *malicia*: maldad
348   *mal su grado*: a pesar suyo
350   *ya*: antes
353   *Alcides*: Hércules

y en aspereza y monte d'espesura
se aventaja la verde y alta haya;
mas el que la beldad de tu figura 365
dondequiera mirado, Filis, haya,
al fresno y a la haya en su aspereza
confesará que vence tu belleza.

47.

Esto cantó Tirreno, y esto Alcino
le respondió, y habiendo ya acabado 370
el dulce son, siguieron su camino
con paso un poco más apresurado;
siendo a las ninfas ya el rumor vecino,
juntas s'arrojan por el agua a nado,
y de la blanca espuma que movieron 375
las cristalinas ondas se cubrieron.

FIN DE LAS OBRAS DE GARCILASO DE LA VEGA

VOCABULARIO

adó: adonde
agora: ahora
alimañas: animales
amancillar: lamentar
ansí: así
antes: al contrario
apriesa: aprisa
aqueste: este
arte: manera, modo, maña
bien: felicidad, o buenas consecuencias del amor
caso: suceso, accidente
contino: de continuo, continuamente
correrse: enfadarse, avergonzarse
crüeza: crueldad
cuidado: preocupación amorosa, amor
desparcir: esparcir
do: donde
empecer: impedir
entramos: entrambos, ambos
escuro: oscuro
esecutar: ejecutar
espantarse: sorprenderse
espedido: desembarazado
espirtu: espíritu
estó: estoy
Filomena: ruiseñor
grado: véase "mal su grado"
haber: tener
hora: momento
mal: infelicidad, o malas consecuencias del amor
mal su grado: a pesar suyo

209

Marte: dios de la guerra, o la guerra misma, por metonimia
ora: ahora
pieza: rato
porque (con el subjuntivo): para que
quedo: quieto, silencioso
razones: palabras
secutar, secutivo: ejecutar, ejecutivo
sobrar: superar
sujeto: tema (de la poesía)
tamaño: tan grande
terná: tendrá
turar: durar
vía: veía
vido: vio
vista: ojos, visión
ya: antes

ÍNDICE ALFABÉTICO DE PRIMEROS VERSOS

Págs.

Acaso supo, a mi ver   *Copla IV*   32
A Daphne ya los brazos le crecían   *Soneto XIII* ...   49
A la entrada de un valle, en un desierto   *Soneto
  XXXVII*   73
Amor, amor, un hábito vestí   *Soneto XXVII*   63
Aquella voluntad honesta y pura   *Égloga III*   193
Aquí, Boscán, donde del buen troyano   *Elegía II* ...   109
Aunque'ste grave caso haya tocado   *Elegía I*   99

Boscán, las armas y el furor de Marte   *Soneto
  XXXIII*   69
Boscán, vengado estáis, con mengua mía   *Soneto
  XXVIII*   64

Clarísimo marqués, en quien derrama   *Soneto XXI.*   57
Como la tierna madre, qu'el doliente   *Soneto XIV.*   50
Con ansia estrema de mirar qué tiene   *Soneto XXII.*   58
Con tal fuerza y vigor son concertados   *Soneto XX.*   56
Con un manso rüido   *Canción III*   83
Cuando me paro a contemplar mi 'stado   37
Culpa debe ser quereros   *Copla II*   30

De aquella vista pura y excelente   *Soneto VIII* ...   44
De la red y del hilado   *Copla VI*   34
Dentro en mi alma fue de mí engendrado   *Soneto
  XXXI*   67

Echado está por tierra el fundamento   *Soneto XXVI.*   62
El asperza de mis males quiero   *Canción IV*   87
El dulce lamentar de dos pastores   *Égloga I*   119
El mal en mí ha hecho su cimiento   *Soneto XL* ...   76
En fin a vuestras manos he venido   *Soneto II* ...   38
En medio del invierno está templado   *Égloga II* ...   135
En tanto que de rosa y d'azucena   *Soneto XXIII.*   59
Escrito 'stá en mi alma vuestro gesto   *Soneto V* ...   41
Estoy contino en lágrimas bañado   *Soneto XXXVIII.*   74

211

Gracias al cielo doy que ya del cuello Soneto
XXXIV   70

Hermosas nymphas, que en el rio metidas Soneto
XI   47

Ilustre honor del nombre de Cardona Soneto XXIV.   60

Julio, después que me partí llorando Soneto XIX.   55

La gente s'espanta toda Copla VII   35
La mar en medio y tierra he dejado Soneto III ...   39
La soledad siguiendo Canción II   80

Mario, el ingrato amor, como testigo Soneto XXXV.   71
Mi lengua va por do el dolor la guía Soneto
XXXII   68

Nadi puede ser dichoso Copla VIII   36
No las francesas armas odïosas Soneto XVI   52
No pierda más quien ha tanto perdido Soneto VII.   43

¡Oh celos de amor, terrible freno! Soneto XXXIX.   75
¡Oh dulces prendas, por mi mal halladas! Soneto
X   46
¡Oh hado secutivo en mis dolores! Soneto XXV.   61

Pasando el mar Leandro el animoso Soneto XXIX.   65
Pensando que'l camino iba derecho Soneto XVII.   53
Por ásperos caminos he llegado Soneto VI   42
Pues este nombre perdí Copla V   33

¿Qué testimonios son éstos? Copla I   29

Señora mía, si yo de vos ausente Soneto IX   45
Señor Boscán, quien tanto gusto tiene Epístola ... 116
Si a la región desierta, inhabitable Canción I ...   77
Si a vuestra voluntad yo soy de cera Soneto XVIII.   54
Si de mi baja lira Canción V   93

Siento el dolor menguarme poco a poco *Soneto*
  XXXVI   72
Si para refrenar este deseo *Soneto XII*   48
Si quejas y lamentos pudieron tanto *Soneto XV* ...   51
Sospechas que, en mi triste fantasía *Soneto XXX.*   66

Un rato se levanta mi esperanza *Soneto IV*   40

Yo dejaré desde aquí *Copla III*   31

ÍNDICE DE LÁMINAS

Entre págs.

Portada facsímile de la primera edición 26-29

Firma autógrafa de Garcilaso en su testamento.
Barcelona, 1529. Archivo Histórico Provincial
de Toledo 96-97

Página de *Obras de Garcilasso de la Vega con
anotaciones de Fernando de Herrera*. Sevilla,
1580 96-97

Fragmento del cuadro de *Santa Úrsula*. Victoria
and Albert Museum. Londres 120-121

Carta autógrafa de Garcilaso a Carlos V (1536).
Archivo de Simancas 120-121

SE TERMINÓ DE IMPRIMIR EN LOS
TALLERES VALENCIANOS DE
ARTES GRÁFICAS SOLER, S. A.,
EL DÍA 23 DE ENERO DE 1969